IDA LÜTHOLD-MINDER

Ich wurde
in Lourdes geheilt

Medizinisch und kirchlich anerkanntes Wunder

CHRISTIANA-VERLAG
STEIN AM RHEIN

Redaktion: Arnold Guillet

Dieses Werk erscheint gleichzeitig in französischer Sprache in der Übersetzung von Prof. François-Xavier Brodard unter dem Titel «J'ai été guéri à Lourdes» in unserem Verlag. ISBN 3 7171 0470 5

Ebenso in rätoromanischer Sprache in der Übersetzung von P. Pius Gervasi OSB, Disentis. ISBN 3 7171 471 3

Mit kirchlicher Druckerlaubnis vom 10. Juni 1971

Fotonachweis:
Prälat Emil Gschwend, Direktor der Deutschschweizerischen Lourdes-Wallfahrt, 9462 Montlingen SG: 42, 43, 89, 90, 91, 111
Alphons Ritter, Cliché-Anstalt, 8004 Zürich: 17
J. R. Rosenkranz-Thuli, Lokomotivführer, 7320 Sargans: 18, 19, 20, 37, 38, 39, 40, 41, 44, 62, 64, 68, 86, 110
Vereinigung der Lourdes-Freunde, Hans Sailer, Präsident, Dreispitz 205, 8050 Zürich: 61, 63, 65, 66, 67, 85, 87, 88, 92, 109

1. Auflage 1971 1.–20. Tausend
© by CHRISTIANA-VERLAG
CH - 8260 STEIN AM RHEIN / SCHWEIZ
Alle Rechte liegen beim CHRISTIANA-VERLAG
Auszüge nur bei genauer Quellenangabe gestattet
Druck: Bargezzi AG, Bern
Printed in Switzerland
ISBN 3 7171 0469 1

INHALTSVERZEICHNIS

Da brachten sie zu ihm einen Gelähmten, der auf einem Tragbette lag. Als Jesus ihren Glauben sah, sprach er zum Gelähmten: «Sei getrost, mein Sohn, vergeben sind deine Sünden!» Und siehe, einige von den Schriftgelehrten sagten bei sich: «Dieser lästert!» Jesus wußte um ihre Gedanken und sprach: «Warum denkt ihr Böses in euren Herzen? Was ist denn leichter? Zu sagen: Vergeben sind deine Sünden, oder zu sagen: Steh auf und geh umher? Ihr sollt aber wissen, daß der Menschensohn Macht hat, Sünden zu vergeben auf Erden» — und er sprach zum Gelähmten: «Steh auf, nimm dein Bett und geh nach Hause!» Und er stand auf und ging nach Hause. Da aber das Volk dies sah, fürchtete es sich und pries Gott, der solche Macht verlieh den Menschen. Matthäus 9, 1—8

Der weltberühmte französische Nobelpreisträger für Medizin, Alexis Carrel, war zu Beginn des Jahrhunderts Prosektor an der Medizinischen Fakultät in Lyon. Auf einer wissenschaftlichen Tagung wurde er vom leitenden Professor gefragt: «Was machten Sie eigentlich mit unserem hoffnungslosen Fall?»

Carrel erwiderte: «Sie meinen das Mädchen mit dem fortgeschrittenen tuberkulösen Abszeß an der rechten Hüfte.» Gespanntes Schweigen im Saal. Der junge Wissenschafter fuhr fort: «Ja, als ich mit aller Weisheit am Ende war, da habe ich sie nach Lourdes geschickt . . .»

«Habe ich recht gehört? Glaubten Sie etwa, daß Ihre Kranke auf die Art gesund würde?» Und in einem gereizten Ton setzte der Professor hinzu: «Da lacht doch die ganze medizinische Welt!»

Carrel ließ sich nicht beirren: «Meine Herren, es mußte doch etwas getan werden. Ich habe ja selbst nicht mit einem Erfolg gerechnet. Aber ich kann Ihnen bestätigen: Heute morgen habe ich meine Kranke geheilt wiedergesehen. Ich konnte es selbst kaum fassen, aber es ist so. Sie können sich ja selbst überzeugen.»

Statt sich zu überzeugen, ließ sich der Professor von einer Trotzreaktion, die eines Wissenschafters unwürdig ist, hinreißen: «Mein Herr, ich denke, es ist zwecklos, mit Ihnen zu reden. Mit solchen Ideen im Kopf, Monsieur Carrel, glaube ich Ihnen sagen zu müssen, haben Sie hier unter uns nichts mehr zu suchen. Die Fakultät wird Ihnen ihre Tore niemals öffnen.»

Der junge Mediziner ließ sich nicht aus der Fassung bringen: «Wenn Sie sich, Herr Professor, durch diesen Fall und durch meine Anwesenheit bedroht fühlen, dann gehe ich meiner Wege.»

Carrel begann sich wissenschaftlich mit Lourdes zu beschäftigen. Als ärztlicher Betreuer eines Pilgerzuges wurde er im Jahre 1903 Augenzeuge einer weiteren Heilung. Vor Carrels Augen wurde das Mädchen Marie Ferrand, die bereits Kavernen in den Lungen und Tbc-Wunden hatte und die nach dem Zeugnis berühmter Ärzte in akuter Lebensgefahr schwebte, innerhalb von Minuten gesund.

Carrel wurde Forscher am Rockefeller-Institut in New York. Sein Spezialgebiet waren Gewebezüchtungen im Zusammenhang mit der Krebsforschung. Seine Ergebnisse waren so erfolgreich, daß er im Jahre 1912 für seine Organtransplantationen und Gewebekulturen mit dem Nobelpreis für Medizin ausgezeichnet wurde. Er studierte die Lebensäußerungen des Menschen, seine Prägung durch Beruf, Umwelt, Leidenschaften und Krankheiten; seine Erkenntnisse bilden den Grundstein seines berühmten Buches «Der Mensch, das unbekannte Wesen». Darin schildert er seine Beobachtungen an Kranken, die in Lourdes einzig durch die Macht des Gebetes geheilt wurden: «Ich glaube an wunderbare Heilungen. Nie werde ich das erschütternde Ereignis vergessen, als ich sah, wie ein krebsartiges Geschwür an der Hand eines Arbeiters vor meinen Augen zu einer kleinen Narbe zusammenschrumpfte. Verstehen kann ich das nicht, aber bezweifeln kann ich es auch nicht, was ich mit eigenen Augen gesehen habe.» Im gleichen Werk heißt es über das Gebet: «Das Gebet ist die mächtigste Form der Energie, die wir ausstrahlen.» Und in seinem Buch «Betrachtungen zur Lebensführung» schreibt Carrel:

«Das Bedürfnis nach Gott äußert sich im Gebet. Das Gebet ist ein Notschrei, ein Verlangen nach Hilfe, eine Hymne der Liebe. Es besteht nicht in einem traurigen Hersagen von Worten, deren Sinn uns unverständlich ist. Es hat fast immer eine positive Wirkung. Alles geht vor sich, als ob Gott uns erhörte und uns unmittelbar eine Antwort gäbe. Unerwartete Ereignisse treffen ein; das geistige Gleichgewicht wird hergestellt. Das Gefühl unserer Vereinsamung, unserer Ohnmacht und der Nutzlosigkeit unserer Anstrengungen verschwindet. Die Welt verliert ihre Ungerechtigkeit und ihre Grausamkeit und wird freundlich gesinnt. Eine seltsame Macht entwickelt sich im Innern von uns selbst. Das Gebet verleiht die Kraft, Sorgen und Kümmernisse zu ertragen, zu hoffen, wenn es keine logische Ursache zur Hoffnung mehr gibt, und inmitten von Katastrophen aufrecht zu bleiben.»

Der große Mediziner starb 1944 als Opfer von Hitlers Gestapo.

Das, was Alexis Carrel in Lourdes erlebte, das durften im Jahre 1952 auch 1200 Pilger aus der Schweiz erleben: sie wurden Augenzeugen einer plötzlichen Heilung. Daß es sich hier nicht um einen Einzelfall handelt, sollen einige Zahlen verdeutlichen, obwohl gerade hier die Statistik wie auf kaum einem anderen Gebiet versagt.

Gemäß der offiziellen Statistik des «Bureau de l'Hospitalité» kommen jährlich um die 50 000 Kranke nach Lourdes:

1964   50 980 Kranke
1968   48 119 Kranke

Diese Kranken werden im «Asile Notre-Dame» oder im «Hôpital Notre-Dame-des-Sept-Douleurs» betreut. Wenn man bedenkt, daß die meisten Kranken eine Woche bleiben, kann man den ungeheuren Aufwand psychischen und physischen Einsatzes ermessen, der von meist freiwilligen Hilfskräften geleistet wird. Dr. Alphonse Olivieri, der Präsident des «Bureau médical» in Lourdes, schreibt in seinem Buch «Y a-t-il encore des miracles à Lourdes?», daß von seinem Büro allein in den Jahren 1947–1970 909 Dossiers von Heilungen eröffnet wurden, von denen schließlich 22 als Wunder deklariert wurden. Im genannten Buch beschreibt er dann ausführlich 18 Wunderheilungen. Als Wunder im strengen Sinn werden also nur jene Fälle bezeichnet, in denen die Kirche aufgrund einer kanonischen Untersuchung und aufgrund einer ausführlichen Dokumentation des Ärztlichen Konstatierungsbüros in Lourdes, die vom Internationalen Ärztlichen Komitee in Paris bestätigt werden müssen, in einer amtlichen Erklärung feststellt, daß die Heilung wissenschaftlich nicht erklärt werden kann, sondern daß eine übernatürliche Ursache, ein Eingreifen Gottes angenommen werden muß.
Das Ärztliche Büro in Lourdes, bestehend aus Untersuchungs- und Konferenzräumen, Archiv und Bibliothek, enthält auch ein Museum mit den Fotografien und den Krankheitsgeschichten der wunderbar Geheilten. Diese Ausstellung wird von vielen Pilgern gern besucht.

Der Verlag hatte sich beim Ärztebüro in Lourdes um ärztliche Zeugnisse zum Fall Leo Schwager bemüht, aber zur Antwort erhalten, daß solche gemäß Reglement zu Lebzeiten eines Geheilten nicht herausgegeben werden dürfen. Hingegen können Ärzte in Lourdes jederzeit Einblick in das Aktenmaterial nehmen. An den Sitzungen des Ärztebüros in Lourdes nehmen laufend auch Ärzte anderer Konfessionen und Religionen und sogar Atheisten teil.

Natürlich wird Lourdes nicht nur von Kranken besucht. Im Jahre 1970 wurden in Lourdes 3 300 000 Pilger registriert, die in 566 Pilgerextrazügen, per Auto, Car und Flugzeug eintrafen.

Allein die offizielle Deutschschweizerische Wallfahrt zählte im Jahre 1971 2500 Pilger. Jährlich werden vier Pilgerzüge eingesetzt, die mit Farben bezeichnet werden: der blaue Pilgerzug ab Zürich, der grüne ab St. Gallen, der rote ab Chur und der weiße ab Altdorf. Daneben werden von vielen Organisationen und Reisebüros noch weitere Wallfahrten durchgeführt. Die «Vereinigung der Lourdesfreunde», Zürich, organisiert um die 30 Pilgerflüge pro Jahr mit Düsenflugzeugen für 120 Passagiere. Noch größer ist die Beteiligung in der Westschweiz, wo über 3500 Pilger an der offiziellen Wallfahrt teilnehmen.

Eine Heilung ist zwar eine Gnade, ein Geschenk, etwas Passives, aber sie erfordert doch auch eine aktive Mitwirkung durch starken Glauben und intensives Gebet.

Jesus hatte seinen Jüngern nicht nur den Auftrag gegeben, das Evangelium zu verkünden, sondern auch Kranke zu heilen. «Heilt die Kranken und sagt: Genaht hat sich euch das Reich Gottes» (Lukas 10, 9).

11

Wenn es also heute keine Priester und Bischöfe mehr gäbe, die Kranke heilen würden, dann würde die Kirche ihre Aufgabe nicht mehr erfüllen. Jesus hatte die Heilung von Kranken geradezu als Kriterium für den Anbruch des Gottesreiches bezeichnet, lesen wir doch bei Matthäus 11, 2: Da Johannes im Gefängnis vom Wirken Christi hörte, sandte er Botschaft durch seine Jünger und ließ ihm sagen: «Bist du es, der kommen soll, oder sollen wir auf einen anderen warten?» Jesus antwortete ihnen: «Gehet hin und berichtet dem Johannes, was ihr hört und seht: Blinde sehen, Lahme gehen, Aussätzige werden rein, Taube hören, Tote stehen auf, Armen wird das Evangelium verkündet . . .»

Wenn das, worüber in diesem Buch berichtet wird, im Kreml zu Moskau passiert wäre, ich glaube, die Kommunisten würden den Fall unter Einsatz ihres gesamten Propagandaapparates parteipolitisch auswerten als Beweis für die Richtigkeit ihrer Ideologie. Zum Glück ist das Christentum keine Ideologie und ist nicht auf Sensation angewiesen. Unser Gott ist ein Gott der Ordnung, ein Gott, der im stillen wirkt. Die großen Wunder geschehen im stillen: eine Raupe, die sich einspinnt und in einen Schmetterling verwandelt, eine Rehgeiß, die im taufrischen Gras ihre Jungen wirft, eine Lindenblüte, die sich vom Wind forttragen läßt . . .

Der gewaltige Schöpfer des Weltalls von fünfzehn Milliarden Lichtjahren Durchmesser, von fünfzehn Milliarden Jahren Alter und von fünfzehn Trillionen Sonnen ist nicht auf Schlagzeilen angewiesen.

Nach der Lehre der Bibel (Rö 1, 19) kann der Mensch kraft seiner Vernunft Gott aus den Werken der Schöpfung erkennen, und daher ist er «unentschuldbar». Es ist nötig, dies den Menschen unserer Tage, die oft gar nicht mehr merken, wie sie dem Dünkel einer verblendeten und geistlosen Welt verfallen sind, mit Nachdruck zu sagen, um so mehr, als es viele Prediger nicht mehr für opportun erachten, an das härteste aller Jesus-Worte zu erinnern: «Wer an ihn glaubt, wird nicht gerichtet; wer aber nicht glaubt, ist schon gerichtet...» (Jo 3, 18). Gewiß, der Glaube ist eine Gnade, und es gibt heute sicher viele, die ohne eigene Schuld glaubenslos aufwachsen. Anderseits ist der Mensch nach Gottes Bild und Gleichnis erschaffen, und hat vom Schöpfer die Vernunft erhalten, über deren Gebrauch er einst Rechenschaft ablegen muß. Gott hat ein unabdingbares Recht auf Anbetung und Verehrung. Noch nie hat ein ehrlicher Gottsucher umsonst gesucht: Gott hat sich noch immer finden lassen. Das beschwörende Wort, das Jesus (nach einer vereinfachten Formel gemäß Jo 10, 38) an die Juden gerichtet hat, gilt auch heute noch: Wenn ihr schon meinen Worten nicht glaubt, dann glaubt doch wenigstens meinen Werken.

Arnold Guillet

Lourdes, du heiliger Boden auf dieser unheiligen Erde, sei gegrüßt! Lourdes, du Stadt Unserer Lieben Frau, du Paradiesesgarten, du Insel des Friedens, du Stätte des immerwährenden Gebetes, du Tabernakel der Eucharistie, sei gegrüßt. Aus weiter Ferne, über alle Berge, Täler und endlosen Ebenen eilen wir im Geiste zu dir. Wer dich je gesehen und erlebt hat, dem bleibt ein unstillbares Heimweh im Herzen, ein Heimweh nach der liebsten Mutter. Aber erleben muß man dich. «Wer Lourdes nicht betend erlebt, erlebt es überhaupt nicht», ist eine Erfahrung, die bereits Millionen Gläubige aus aller Welt gemacht haben.

«Das Gebet ist die Achse der Welt», sagt Julius Langbehn. Ob diese Achse der Welt nicht mitten durch die Grotte von Massabielle geht? Wer in Lourdes war, darf es annehmen. Der große dänische Denker Sören Kierkegaard prägte das schwerwiegende Wort: «Am gewaltigsten ist der Mensch, wenn er die Hände richtig faltet.» Jährlich pilgern über drei Millionen nach Lourdes und lernen hier wieder «die Hände richtig falten». Seit jenem 11. Februar 1858, als sich die heilige Jungfrau Maria zu einem armen Kind herabließ, wurde Lourdes zu einem gewaltigen Magnet, der die Herzen anzieht. Der Strom wurde immer mächtiger, Jahr um Jahr, so daß er an die Geheime Offenbarung des Johannes erinnert, der in seiner Apokalypse das Beten von Riesenscharen wie «das Rauschen vieler Wasser» empfindet. Ein wunderbares «Rauschen vieler Wasser»!

Wer genau hinhört, kann in diesem Rauschen viele

menschliche Sprachen unterscheiden, die alle in ihrer Eigenart Gott preisen durch das unbefleckte Herz Mariens. Kommen sie umsonst von allen Enden der Erde, rufen sie die Mutter Gottes umsonst um Hilfe an? Wäre der Strom nicht längst versiegt, wenn die Menschen hier nicht das Ureigentliche, was sie ersehnen, finden würden, den inneren Frieden, den die Welt nicht geben kann – Hilfe in Nöten, wo die Menschen nicht mehr helfen können, ja Heilung von Gebresten und Krankheiten, die kein Arzt heilen kann?

Es gibt tatsächlich einen Ort auf Erden, wo der Himmel sich öffnet für die Armen, die Kleinen, die Glaubenden, die Demütigen. Wir haben es hundertmal erfahren, und wir durften sogar miterleben, wie einer aus unseren Reihen, aus unserem Volk, einer, der unsere Sprache spricht, einer, der vom Tode gezeichnet war, in Lourdes von «Multipler Sklerose im Endstadium» plötzlich geheilt wurde vor Hunderten von Zeugen. Das Wunder geschah am 30. April 1952 an Bruder Leo Schwager OSB, Uznach, damals wohnhaft in Freiburg. Zur Verherrlichung der heiligen Eucharistie und zur Ehre Unserer Lieben Frau von Lourdes darf ich in dieser Schrift – nach Bruder Leos eigenen Angaben – davon erzählen, beginnend mit seiner Kindheit und Jugend, dem Milieu, in dem er aufgewachsen, seinem einfachen Leben, das durch die unheilbare Krankheit gebrochen, aber durch das Wunder von Lourdes neu erstanden ist.

DAHEIM IM «TANNZAPFENLAND»

Der Thurgau, die Heimat Bruder Leos, ist als Obst-
land bekannt. Aber er nennt seine ureigentliche Heimat, die Gemeinde Balterswil, die zur Pfarrei Bichelsee gehört, das «Tannzapfenland», weil die großen
Tannenwälder sich dort wie ein Mantel um die Hü-
gel breiten, vom Hörnli herab bis weit hinaus in die
Täler. Es ist die Gegend, wo einst die Toggenburger
gehaust haben und die heilige Idda von Toggenburg
seit Jahrhunderten in den Geschlechtern weiterlebt.
Der Volksmund hat für diese Gegend allerdings noch
einen anderen Namen geprägt: «Heiliger Strich».
Diese humorvolle Bezeichnung erklärt sich aus der
Tatsache, daß aus den vier Gemeinden Balterswil,
Bichelsee, Dußnang und Fischingen, die alle sozu-
sagen an einem «Strich» liegen, sehr viele Priester-
und Ordensberufe hervorgegangen sind. Aus der
Pfarrei Bichelsee sind vor Bruder Leo ihrer sieben
bei den Benediktinermissionaren in Uznach einge-
treten. «Ich bin Nummer acht», gesteht er lachend.
Diese Nummer acht, so einfach, so froh und humor-
voll, hat vom Himmel eine derart außergewöhnliche
Gunst erfahren, daß sie als *Zeichen Gottes* mit großen Buchstaben geschrieben werden sollte.

Zu den Bildern:

Seite 17: Abfahrt des Pilgerzuges im Hauptbahnhof Zürich.
Seite 18: Moderne Sanitätswagen mit Kabinenbetten.
Seite 19: Krankenbrüder und -schwestern sorgen für die Kran-
ken.
Seite 20: Oben: Halt in Lyon. Unten: Reiseroute nach Lourdes.

16

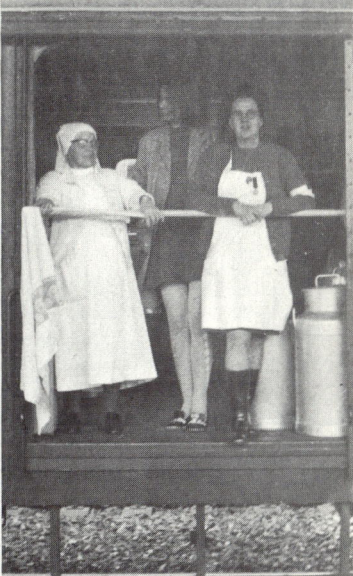

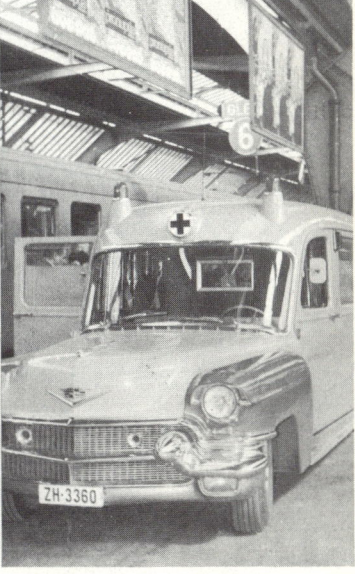

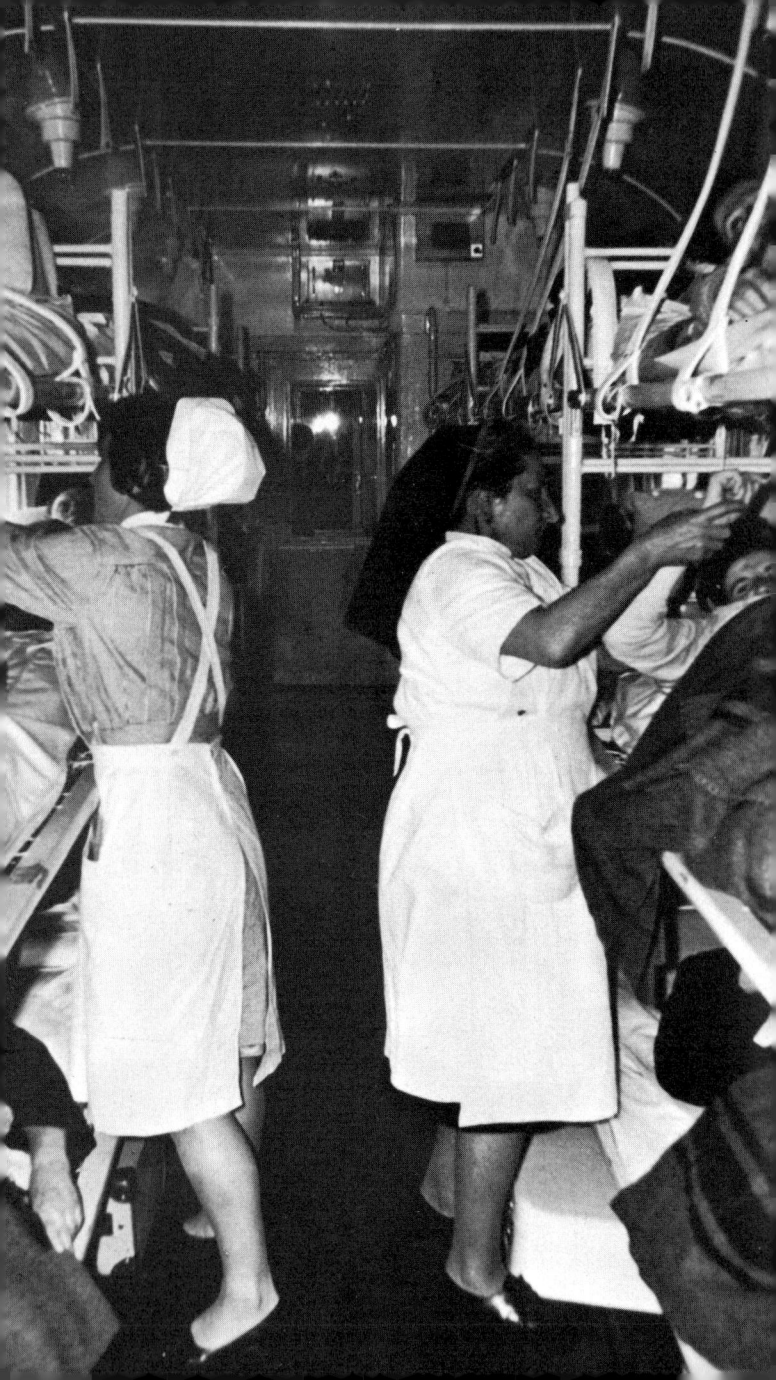

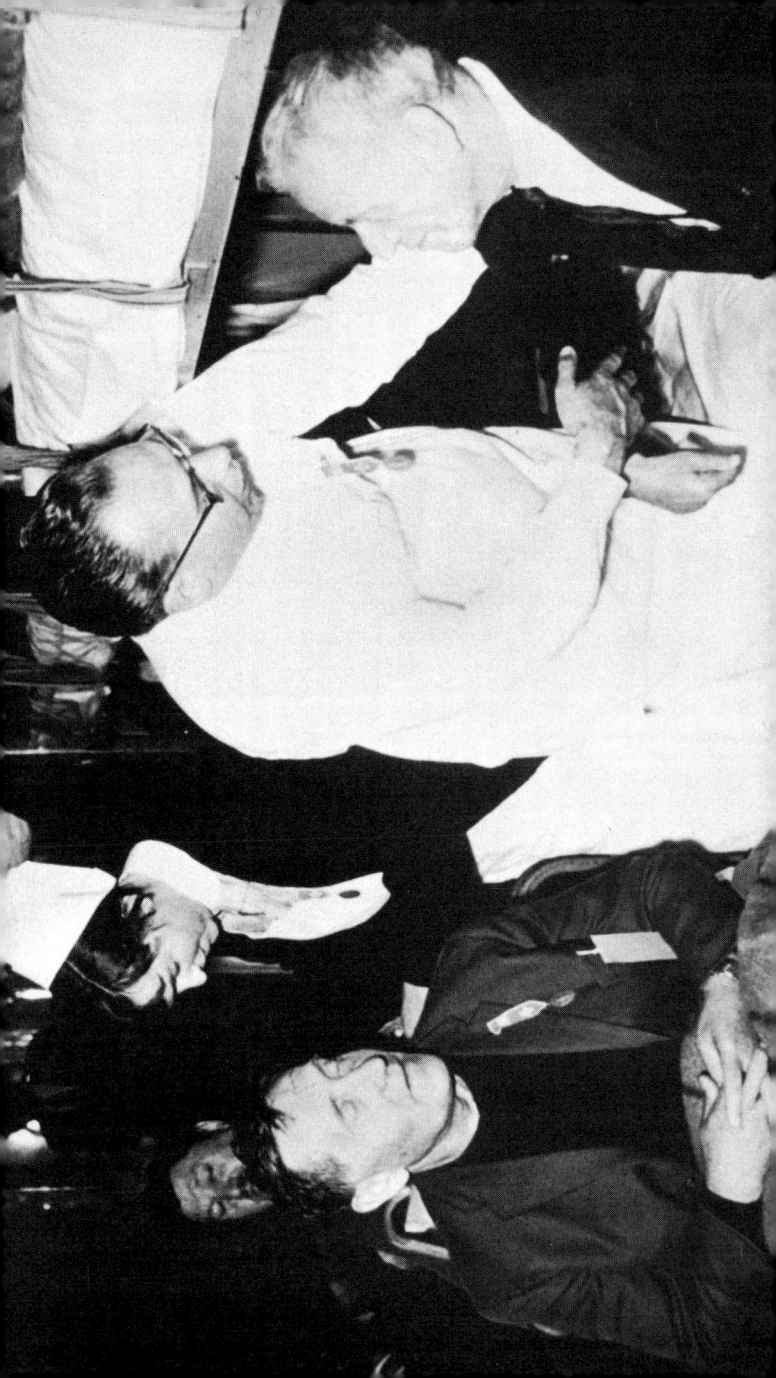

Damals, als diese Nummer acht geboren wurde am 19. Mai 1924 als siebtes Kind der Familie Schwager-Bauer, wovon fünf seine Wiege umstanden – ein kleines Margritli hatte die Erde mit dem Himmel vertauscht, und ein Seppli folgte. Später konnten weder Vater noch Mutter und Geschwister ahnen, was für ein sonderbares Schicksal dem kleinen Erdenbürger beschieden sein würde. Er wurde, wie alle seine Geschwister, nach Bichelsee in die Pfarrkirche getragen und dort getauft auf den schönen Namen Bernhard Josef. Den heiligen Bernhard verehrte die Mutter schon lange, weil er Maria so sehr geliebt hatte. Darum war sie glücklich, daß ihr Büblein ihn zum Patron erhielt. «Beni» nannten sie das kleine Büblein. Es wuchs heran, unbeschwert und fröhlich, einfach, ohne etwas zu ahnen von Verwöhnung. Der Vater, Wilhelm Schwager, übte, wie viele Männer in dieser Gegend, den Beruf eines Stickers («Schiffli-Sticker») aus. Tag um Tag saß er in der Fabrik vor seiner Stickmaschine, die viel Geschick und feine Hände erfordert, sollen die berühmten St.-Galler Stickereien den hohen Ansprüchen des Weltmarktes genügen. Man kann sich denken, daß es für die Familie nicht jeden Tag Braten gab. Ja, es kamen die schweren Zeiten der dreißiger Jahre, wo die Sticker oft gezwungenerweise nicht arbeiten konnten und das Geld nicht einmal reichte, um genügend Brot kaufen zu können für die sieben Kinder. Der Vater mußte zeitweise andere Arbeit suchen. Wie sorgte sich die gute Mutter! Beni merkte wohl, wie sie oft selber nicht genug aß.

Ein wichtiger Tag für den Sechsjährigen war der erste Schultag. Da stand die Lehrerin, Gertrud Erni, unter der Türe und empfing ihre neuen Schützlinge. Bernhards dunkle Augen schauten voll Vertrauen zu ihr auf. Er war ein kluges und flinkes Bürschlein. Nur ein Kummer drückte ihn. Als die Kinder ihre ersten Schreibversuche machten, gelang es Beni einfach nicht, mit der rechten Hand zu schreiben, sosehr er sich auch Mühe gab; er war Linkshänder. Die Lehrerin übte keinen Zwang aus; Bernhard durfte mit der linken Hand schreiben und zeichnen, und er tat es ebenso schön wie die andern. Jetzt schien sein Glück ungetrübt. Gerne spielte er «Jägerlis»; das ging so lustig zu und her, wenn man um alle Hausecken und hinter die Scheunen rennen durfte und kein Mensch etwas dagegen hatte. Große Begeisterung weckte in ihm der Religionslehrer der ersten und zweiten Klasse, Resignat Dekan Johann-Evangelist Traber, der Gründer der ersten Schweizerischen Raiffeisenkasse. Der Mann sah aus wie ein Patriarch. Er trug einen großen Bart, erzählte oft vom Heiligen Land, das er besucht hatte, und zeigte den Kindern Dornen, die dort gewachsen waren. Bernhards weiches Herz konnte es beinahe nicht ertragen, wenn er sich vorstellte, daß der Heiland mit einem solchen Dornenkranz gekrönt worden war.

Ein besonderes Erlebnis für die Kinder von Balterswil war die Heimkehr des Benediktinermissionars P. Fintan Schneider († am 28. November 1970 im Alter von 80 Jahren). Der Zweitkläßler Beni war außer sich vor Begeisterung. Nach dem Vortrag des Missionars rannte er heim und rief der Mutter zu: «Jetzt weiß ich, was ich werden will!» – «Was denn?» fragte die erstaunte Mutter. «Pater Fintan! Pater Fintan», jubelte der Kleine, «ich will Pater

22

Fintan werden!» Lächelnd betrachtete ihn die gute Mutter und dachte: «Gott wird meinen Buben führen!» Bruder Leo erinnert sich noch lebhaft an dieses Kindererlebnis, sagt aber, daß es wieder vergessen wurde und daß niemand seine Begeisterung wichtig genommen habe. Das Leben ging weiter, das reiche Leben eines Dorfbuben. Glückliche Kindertage! Bernhard hatte, als er größer war, verschiedene «Ämter» – und er war stolz darauf. Er betätigte sich als Zeitungsverträger für den «Sonntag», den «Sendboten der Hl. Familie», für den «Pfarrer-Künzli-», den «Leo-» und den «St.-Michael-Kalender». Kein Batzen des verdienten Trägerlohnes wurde vertan – es mag dies heute sonderbar klingen: aber für Brot wurde das Geld gebraucht. Der Dorfbäcker war Benis besonderer Freund; er sollte sein Firmpate werden. Darauf freute sich Bernhard schon lange. Für den Götti hausierte Bernhard um die Zeit von Sankt Niklaus und Weihnachten, oft beim ersten Schneetreiben, mit allerlei Backwerk. Er war ein tüchtiger Verkäufer. Wer hätte dem «mögigen» Knaben mit seinem treuherzigen Blick und dem fröhlichen Gesicht widerstehen können, wenn er die Fladen, Lebkuchenherzen und Zöpfe anbot? Wenn er als Lohn ein paar Franken verdiente, kam er sich reich vor wie ein Krösus und brachte das Geld mit strahlendem Blick heim.

Die lustigste Zeit im Dorf war die Fastnacht. Jahr um Jahr machte Beni mit, wenn es galt, als «Negerli» herumzuziehen. Die Buben schwärzten sich mit Wichse das Gesicht ein und kleideten sich wie kleine Neger. Sie sangen und hüpften und bettelten in jedem Haus für die Heidenkinder. Kein Rappen wurde zurückbehalten; alle Batzen wurden den Benediktinermissionaren nach Uznach gesandt. Pater Fintan und die anderen Missionare aus der Pfarrei wurden nicht vergessen.

Daheim in der Stube ging's meistens lustig zu und her. Sie sangen miteinander oder tanzten, wenn die Arbeit getan war. Oft mußten die Geschwister die «Predigt» ihres kleinen Bruders, der so gerne «Pfärrerlis» spielte, anhören. Die Predigt wurde nicht immer ernst genommen, und oft gab es ein großes Gelächter. Am ehesten folgte «Seppli», der Ministrant, dem alles Eindruck machte, was sein um vier Jahre älterer Bruder tat und befahl. Noch heute denken alle gern an die frohe Kinderzeit im Vaterhaus zurück und erzählen den eigenen Kindern von ihren Erlebnissen.

Als Bernhard die dritte Klasse besuchte, nahte der schönste Tag seiner Kinderjahre: sein Weißer Sonntag, der auf den 23. April 1933 fiel. Pfarrer Paul Bauer, der heute von der Ewigkeit her seine damaligen Schützlinge überschaut, bereitete die Erstkommunikanten auf ihr Herzensfest vor. Beni hatte daheim noch eine bessere Lehrerin: das war seine gute Mutter, die schon seit längerer Zeit leidend war. Bernhard pflegte sich an ihr Bett zu setzen, wenn er aus der Schule kam, und erzählte, wie es ihm ergangen war. Die Mutter sollte alles erfahren, was sein Herz bewegte. Allerdings durfte sie dem glücklichen Kind nicht anmerken lassen, wie weh ihr oft ums Herz war, weil sie so kraftlos daliegen mußte. Jetzt hatte sie genügend Zeit, um Beni anzuhören, ihn den Katechismus abzufragen, ihm vom Heiland zu erzählen und von ihrer eigenen Erstkommunion.

Zum Glück waren die beiden älteren Schwestern schon früh ans Arbeiten gewöhnt; die Mutter brauchte ihnen nur Anweisung zu geben, wie alles getan werden mußte. Ihre Herzschwäche nahm immer mehr zu. Ein paar Wochen weilte sie bei Verwandten zur Erholung, aber die Lebenskraft kehrte nicht mehr zurück. Wie jubelten die Kinder, als sie nach Hause zurückkehrte; auch des Vaters Gesicht hellte sich auf. An einem Sonntag stellte sich erneut eine Herzkrise ein, und der Pfarrer spendete ihr die Sterbesakramente. Im Hause war es still wie noch nie. Bernhards Herz tat weh. «Die Mutter darf doch nicht sterben. Lieber Gott, mach sie gesund», flehte er. Es schien eine Besserung einzutreten, so daß der Arzt am Donnerstag sagte: «Es wird jetzt besser.» Am 19. Oktober 1934, an einem Freitagmorgen, als sie an Mutters Bett traten, war sie hinübergeschlummert ins ewige Leben. Da standen sie alle und weinten: Elsa, Margrit, Willy, Arthur, Klara, Bernhard und Josef und der gute arme Vater. Beni war zehn Jahre alt. Die Mutter, der liebste Mensch, schwieg nun für immer. Er konnte es kaum fassen. Aber heute weiß er, daß sie ihm immer beigestanden ist in seinem Leben.

Das Leben ging weiter. Margrit, die das letzte Schuljahr absolvierte, stand am Herd, kochte, putzte, flickte, und Elsa, die bereits ein Jahr in der Fabrik arbeitete, half mit, wenn sie heimkam. Die tapferen Mädchen wußten, daß sie nun die Mutter ersetzen mußten, und sie taten es ganz selbstverständlich. Der Vater sollte nicht zu sehr trauern. Der kleine Bernhard hing an ihnen und am Vater mit seiner ganzen kindlichen Liebe. Margrit war Hausmutter und blieb es für alle, auch später, da sie den Bund fürs Leben schloß. Sie ist mit ihrer Familie im Vaterhaus geblieben. Sie betreut heute noch den alten Vater und freut sich riesig, wenn Bruder Leo, der einstige Beni, hin und wieder auf Besuch kommen darf.

Als Bernhard die ersten drei Schuljahre bei der geliebten Lehrerin hinter sich hatte, kam er zu einem Lehrer in die Oberschule. Dieser Dorflehrer war ein gestrenger Schulmeister, aber Bruder Leo anerkennt heute noch, daß er bei ihm viel gelernt habe. Er hat aber auch den großen Kummer nicht vergessen, den er, der Linkshänder, erleben mußte. Plötzlich sollte der Bub jetzt mit der rechten Hand schreiben. Der Lehrer kannte keine Nachgiebigkeit; mit einer Konsequenz ohnegleichen glaubte er, Bernhard umschulen zu müssen. Wohl war das nicht schlecht gemeint, aber doch ein schwerer pädagogischer Mißgriff. Beni mußte manche Qual erleiden, bis es soweit war, daß seine rechte Hand schreiben konnte. Für Monate war ihm alle Freude an der Schule genommen. Langsam kehrte sie wieder zurück.

Wenn auch diese Sorge ihn drückte, so gab es doch daheim frohe Stunden. Wie gerne sang Beni! Wenn es an Winterabenden draußen stürmte und schneite, wenn sie beim warmen Ofen unter der Lampe saßen, alle zusammen, holte der Vater sein «Mulörgeli» (Mundharmonika) hervor, und sie sangen fröhlich ein Lied ums andere. Zwischenhinein spielte der Vater einen Schottisch oder eine Polka, und die jungen Beine konnten sich nicht mehr stille halten. Beni tanzte fürs Leben gern. Wer hätte damals gedacht, daß der lustige Bub einmal ganz gelähmt sein würde? An Sonntagnachmittagen wurde gejaßt, daheim oder bei den Nachbarn. Wenn der Frühling im «Tannzapfenland» einzog, schlenderte das Jungvolk durch Wiesen und Wälder, um Holz zu sammeln. An schönen Sonntagen machten sie manchmal eine Wallfahrt ans Grab der heiligen Idda nach Fischingen oder gar auf die Iddaburg, wo sie sich jenen Felsen besahen, über den der zornige Graf von Toggenburg seine Gemahlin in die Tiefe gestürzt hatte. Auf der Iddaburg befindet sich die älteste Lourdesgrotte der Schweiz. Oft wurde dort Pilgergottesdienst gehalten. Ab und zu pilgerten sie nach «Maria Dreibrunnen» bei der alten Äbtestadt Wil. Beni ahnte nicht im geringsten, daß er einmal eine große Pilgerfahrt nach Lourdes erleben würde. Seine kleine Heimat war für ihn die Welt. Wenn jemand erzählte, daß er nach Bern gereist sei, kam es ihm vor, als wäre dieser ans Ende der Welt gefahren.

Ein Tag blieb dem Dorfbuben in besonderer Erinnerung, der Tag der heiligen Firmung. Nicht, daß Beni spürbare Gnaden vom Heiligen Geist empfangen hätte, aber das reine Herz war bereitet für dieses Sakrament, das ja ein Leben lang seine Wirkung ausübt. Noch ahnte niemand, daß Bernhard die Gabe der Stärke in außergewöhnlichem Maße brauchen würde, jene Gabe zum tapferen Ertragen seiner jahrelangen Leiden.

Benis Freuden waren natürlicher und kindlicher Art. Sein Götti, der Bäcker, besaß ein Auto. Sie beide mußten den Weg nach Fischingen, wo Bischof Josephus Ambühl die Firmlinge der Umgebung erwartete, nicht zu Fuß zurücklegen. Das war für die damalige Zeit schon ein wichtiges Ereignis. Mit strahlenden Augen winkte Beni seinen Kameraden, an denen er vorbeifuhr. Nach der Feier kehrte der Götti mit ihm im Hotel Post ein. Bruder Leo könnte heute noch mit schalkhaftem Lächeln aufzählen, wie viele gute Dinge er dort zum erstenmal im Leben genießen durfte. Das Fest war noch nicht zu Ende. Der Götti fuhr mit dem Buben an den Rheinfall bei Schaffhausen. Man denke sich die Freude und das Staunen des Glücklichen, der Auge und Ohr kaum mehr wegwenden konnte von diesem grandiosen Schauspiel der Natur. Obwohl er nichts davon sagte, erfüllte ihn doch ein Gefühl der Ehrfurcht vor der Allmacht und Majestät Gottes. Als der Abend dämmerte und sie heimfuhren, war es dem Buben, als hätte er an diesem Tag die große Welt erlebt. Er konnte dem Vater und den erstaunten Geschwistern nicht genug erzählen von allem, angefangen vom Bischof mit Stab und Mitra bis zum tosenden Rheinfall, dem guten Essen und der Autofahrt. «Ja, ja, hast halt einen guten Götti.» Zweimal während der ganzen Schulzeit machte die Balterswiler Schuljugend einen Schulausflug. Das erstemal ging Beni noch zur Lehrerin in die Unterschule, als man das große Ereignis tagelang vorher besprach. Auf Leiterwagen, von Pferden gezogen, sollte die Kinderschar ausfahren. Ganze Arme voll Tannäste trugen sie herbei und zierten die Wagen damit. Das war ein Jubel, als endlich die lustige Schar zur Abfahrt bereit war. Mit Sang und Klang, mit Geißelknall und Pferdewiehern fuhren sie zum Dorf hinaus auf den Nollen bei Weinfelden, die höchste Erhebung im Kanton Thurgau.

Den zweiten Schulausflug machten die Balterswiler Kinder mit ihrem Lehrer aufs Rütli, wo die ersten

Eidgenossen mit einem Schwur den Bund der Eidgenossenschaft besiegelt und sich unter den Schutz Gottes gestellt hatten. Noch heute erzählt Bruder Leo von frohen Streifzügen: «Wir Buben und Mädchen machten auch etwa einen selbständigen Ausflug. Wir wanderten aufs Schloß ‹Sonnenberg› bei Stettfurt. Dort ist ein Pater von Einsiedeln. Im Schloß, das dem Kloster Einsiedeln gehört, gab es viele alte Sachen zu sehen, die an Bewohner früherer Zeiten erinnerten. Auch Schloß Bettwiesen wurde besucht.» O selige Jugendzeit in einem Dorf! So wuchs Bernhard heran, in froher Umgebung, ohne große Probleme, ein guter Schüler und froher Kamerad. Nach der sechsten Klasse, so war geplant, würde er das Gymnasium der Missionare von der Heiligen Familie in Werthenstein im Kanton Luzern besuchen.

Plötzlich aber wurde Bernhard in eine andere Schule genommen. Ein erster schwerer Kummer beschattete wie eine dunkle Wolke das frohe Bubenleben. Ein Sturz vom Fahrrad – ein kurzer Augenblick –, und die Weichen seines Lebens waren für immer anders gestellt! Als Bernhard die schwersten Tage hinter sich hatte und wieder sein gewohntes Leben beginnen wollte, stellten sich starke Schwindelanfälle ein, so daß er oft umfiel; selbst im Bett litt er darunter.

Mit Wehmut mußte man erkennen, daß ein Studium nicht mehr in Betracht kam. Der Bub wurde in die Schweizerische Anstalt für Epileptische nach Zürich gebracht, wo er zwei Monate zur Beobachtung bleiben mußte. Oft würgte es ihn im Halse, doch die Heimwehtränen wurden tapfer heruntergeschluckt. Die Untersuchung gab zu neuer Hoffnung Anlaß.

Die Schwindelanfälle seien nicht epileptischer Art und würden sich im Wachsen verlieren, lautete der Befund. So war es auch. Bernhard wurde wieder ganz gesund.

BERNHARDS LEHR- UND WANDERJAHRE

Das Bündel wurde gepackt. Bernhard mußte das Vaterhaus verlassen. Zum Glück ging seine Reise nicht weit. In Bichelsee aß er beim Bauer Rupper in der Brenngrüti sein erstes fremdes Brot. Er war bald zu Hause bei den guten Leuten. Sein Lieblingstier, der Maulesel, kannte ihn bald. Während zweier Jahre fuhr er mit ihm täglich eine Stunde weit in die Käserei. Im Winter war das nicht immer ein Vergnügen, wenn der Schnee dem «Muli» bis zum Bauch heraufreichte. Aber beide, Bernhard und der Maulesel, blieben Freunde, im Sonnenschein und im Sturm. Zwei Jahre diente Beni in der Brenngrüti, und man zählte ihn so recht zur Familie. Aber alle wußten, daß der Junge nicht für immer da verweilen könne, so lieb er auch allen geworden war. Es hieß wieder Abschied nehmen von Bauer und Bäuerin und der ganzen Familie und auch vom treuen «Muli».

Bernhard war entschlossen, durch eine Landwirtschaftslehre in allen Belangen des Berufes Tüchtigkeit und Wissen zu erwerben. Von klein auf liebte er die Natur, Saat und Ernte auf Äckern und Wiesen. Er interessierte sich, obwohl im «Tannzapfenland» aufgewachsen, für die Pflege und die Veredelung der Obstbäume und den Ackerbau.

Das erste Lehrjahr verbrachte er in der Familie Mosberger in Buch bei Frauenfeld, das zweite in der Holdern bei Beromünster bei Familie Burri. Beide Betriebe standen unter der Kontrolle des Bauernverbandes. Von seinem Aufenthalt in Buch erzählt Bruder Leo: «In Buch fand ich, wie in der Brenngrüti, wieder eine ganz gute Familie und war wie zu Hause. Ich war sehr gerne dort. Als mich die Burschen des Dorfes nach meinem Namen fragten, tat ich zuerst etwas geheimnisvoll und sagte dann ‹Schwager›. Da glaubten sie zuerst, ich mache Spaß. Später sprachen sie mich immer mit ‹der Schwager› an. Es kam ihnen einfach lustig vor.» So blieb Bernhard fern seiner Heimat, bis er in Flawil die Prüfung ablegte und mit dem Diplom als Landwirt heimkehrte. Ein Schmunzeln erhellte des Vaters Gesicht, als der stramme Bursche vor ihm stand. «Ja, der Bernhard macht sich», dachte er voll väterlicher Freude, «und er hat immer noch den gleichen treuen Blick wie einst.» Was er jetzt im Sinne habe und wo er zu arbeiten gedenke, fragte ihn der Vater. Beni erklärte, daß er noch eine Zeitlang als Melker auf dem Hof in Beromünster bleiben wolle. «Weißt, Vater, dann kann ich im Sommer mit dem Vieh auf die Roßalp», verkündete er freudig. – Bernhard arbeitete also wieder in Beromünster. Die Roßalp befindet sich in der Innerschweiz.

Als der Sommer nahte, wurde das Vieh mit der Bahn nach Sarnen im Kanton Obwalden transportiert. Von da aus zog die «Sente» aufwärts über die Sarner Schwendi und den Glaubenberg bis zur Roßalp. Bernhard bewunderte die teure Heimat des heiligen Bruder Klaus, das liebliche Tal, die grünen

Hänge und darüber die trutzigen Berge. Müde kam er mit der Herde nach vielen Stunden ans Ziel. Ein ganz anderes Leben begann da oben, zusammen mit einem Senn. Wie wohl ward ihm auf den Weiden, unter wetterharten Tannen, in der Alphütte. Mit Stolz betrachteten sie abends ihrer Hände Werk, die Butterstöcke oder gar die prächtigen Käselaiber. Eine Kirche gab es aber weit und breit nicht. In Schwendi-Kaltbad besuchten die Älpler sonntags die heilige Messe. Beim Kreuz auf dem Felsen, so erschien ihm, sei der Altar, und dort legte er abends seine Arbeit zur Ehre Gottes nieder. Dort hielt er auch stille Andacht im Herzen. Und er dankte Gott für den Frieden hier, während die Welt ringsum die Schrecken des Zweiten Weltkrieges erlebte. Dort grüßte er seine himmlische Mutter und übergab sich und die Herden und die ganze Alp ihrem mächtigen Schutz. Ihr blieb er immer treu in allen Stunden seines Lebens. Daß sie seine beste Mutter sei, hatte ihm seine Mutter oft und oft gesagt. Vielleicht erriet sie, daß er das noch nicht begreifen konnte, weil es doch gar niemanden gab, den er inniger liebte als seine eigene Mutter. Das Mutterherz ahnte, daß es Beni einer viel mächtigeren, gütigeren und weiseren Mutter anvertrauen mußte, die immer für ihn sorgen würde in allen Lebenslagen.

In diese Zeit fiel auch die militärische Aushebung in Sursee.

Fröhlich ging's zu auf der Alp, wenn die Älpler Zeit hatten zu einem Jaß. Mochte es draußen in Strömen regnen und mitten am Tag dunkel werden, sie lachten und spaßten beim Licht der Petrollampe. Pflichtgetreu sorgte Bernhard zuerst für das liebe Vieh, das ihm anvertraut war. Pflichttreue stand dem jungen Burschen in den Augen. Oft sangen und tanzten sie mit den benachbarten Älplern.

Zwei Sommer lang erlebte er die Alp. Von Beromünster wechselte der Neunzehnjährige ins Baselbiet. In Reigoldswil suchte Familie Burgdorfer, die eine Pension und eine Landwirtschaft führte, einen Angestellten. Die Meistersleute erkannten bald, daß sie einen treuen Angestellten mit klugem Verstand und tüchtiger Hand gefunden hatten. Man konnte ihn überall brauchen. Ein kleiner Unfall verbannte ihn in die Pensionsküche. Dort führte eine Tochter, die Haushaltungslehrerin war, das Regiment. Zu ihrer Freude bemerkte sie Bernhards Geschick fürs Kochen. Ob er nicht in diesem Revier bleiben wolle, fragten sie ihn. «Ganz gerne», war seine Antwort. Eigenartig, wie einfach Bernhard seine Lebensentscheidungen traf! Er grübelte nicht lange nach. Wo ihn der Herrgott hinstellte, da blieb er so lange, bis Er ihn anderswo brauchte. Und er war glücklich, wenn er recht viel lernen konnte. Der Landwirt wechselte also seinen Beruf und wurde Koch. – Ein trauter Ort, diese Pension «Eichenhof» mit dem großen Bauernhof: Wiesengrün, Waldesrauschen, Ruhe für solche, die sie suchen! Bruder Leo erinnert sich gerne zurück an seine Meistersleute, gute Protestanten, bei denen ein Leben nach der Bibel noch hoch im Kurs stand. Im Frühling 1945 – Bernhard war also schon 21 Jahre alt – absolvierte er die Artillerie-Rekrutenschule in Frauenfeld. Und wie's so ging in dieser Zeit, wo jeder dieselbe stramme Zucht durchmachen mußte und gerne einen fröhlichen Freund neben sich hatte, Bernhard war wohlgelitten bei seinen Kameraden. Plötzlich aber änderte sich sein Alltag von einer Sekunde zur andern durch den Hufschlag eines Pferdes. Als Bernhard zu sich kam, lag er im Spital. Der Kopf schmerzte, er konnte kaum denken. Dann war es ihm wieder, als hörte er den Taktschritt seiner Kameraden. Er konnte nicht mitmarschieren. Nie mehr, aber das wußte er noch nicht. Die Sache zog sich in die Länge. Alle durften heimkehren. Bernhard mußte geduldig warten, denn nebst dem Unfall erkrankte er auch noch an Diphtherie. Noch sechs lange Wochen blieb er im Spital. Dann wurde er entlassen und kehrte zurück ins Baselbiet, aber sein Kopf schmerzte, und er fühlte sich nie mehr recht wohl.

AN DER WEGBIEGUNG

Bis jetzt war Bernhard, ohne langes Nachdenken, einfach den Weg gegangen, wie er sich durch die Lebensumstände ergab. Als er in der Küche des «Eichenhofs» am Fenster stand, reichte ihm der Briefträger schmunzelnd einen Brief. «Da, der Schatz hat geschrieben!» Lachend erwiderte Beni: «Wollen sehen, ob er mir treu bleibt!» Freudig öffnete er das Kuvert. «Bruder Viktor von Werthenstein!» Ein frohes Lächeln erhellte Bernhards Gesicht. Seit seiner Schulzeit schrieben sie sich ab und zu. Der Brief erzählte dies und das aus Bruder Viktors Leben und fragte nach des Freundes Plänen. Da stand der Satz zu lesen: «Du weißt, ich könnte mir Dich besser vorstellen als Missionar in Afrika statt als Hüterbub.» Zwei-, dreimal las Bernhard diesen Satz.

34

Merkwürdig, der ging ihm nicht mehr aus dem Kopf. «Missionar in Afrika»! Schon als Bub fühlte er sich glücklich, wenn es galt, für die Heidenkinder Geld zu sammeln. Eigentlich wäre es zum Missionsberuf noch nicht zu spät. Einen Zwanzigjährigen könnte man sicher brauchen. Arbeiten kann er ja. Am Abend, als alles im Hause still war, konnte Bernhard nicht einschlafen, so sehr beschäftigte ihn plötzlich seine Zukunft. Missionar werden, wäre das wohl möglich?

Am nächsten Sonntag wanderte Bernhard schon früh durch den taufrischen Morgen zur nächsten katholischen Kirche in Seewen im Kanton Solothurn. Er war entschlossen, sich mit dem Pfarrer zu besprechen. Und wirklich, nach dem Gottesdienst eröffnete er dem Priester seine Gedanken. Pfarrer Martin Hunkeler war bereit, von Missionshäusern Prospekte zu bestellen. Zudem traf es sich, daß gerade ein Missionssonntag veranstaltet wurde. P. Adelrich Mühlebach OSB von Uznach sollte von den Missionen erzählen. Natürlich fand sich Bernhard dazu ein. Sonderbar, wie ihn alles interessierte und zutiefst berührte. Er konnte fast nicht verstehen, warum ihn der Wunsch, Missionar zu werden, nicht schon früher gepackt hatte. Der Außenwelt verschwieg er vorläufig seine Pläne.

Als ihm die Prospekte durch Pfarrer Hunkeler ausgehändigt wurden, studierte er einen um den andern. Merkwürdig, keiner befriedigte ihn, bis er jenen der Benediktinermissionare von Uznach und Freiburg unter die Augen bekam. Dieser fesselte ihn. Täglich formten sich seine Gedanken klarer, bis er wußte: *dahin gehöre ich.*

DIE NUMMER ACHT IM KLOSTER

Zuerst mußte der Vater eingeweiht werden. Eines Tages kam ein Brief in Balterswil an mit der Bitte: «Vater, komm einmal ins Baselbiet. Ich möchte etwas mit Dir besprechen.» Erstaunt meinte der Vater: «Der will gewiß heiraten.»

«Was denkst du, Vater», erwiderte das Hausmütterchen Gritli: «Bernhard rennt nicht so schnell drein.» «Ach was, ich reise nicht nach Basel. Er hat gleich weit, heimzukommen.» Dabei blieb es. Er wartete also auf seinen Sohn. Das Geheimnis kam dann aus. Ob er nicht zu jung sei für einen so schwerwiegen-

---

Zu den Bildern:

Seite 37: Bruder Leo als Koch in der Küche des Pilgerzuges.
Seite 38: Frohes Beten und Singen während der Fahrt. Der zweite von links ist Pater Dr. Johannes Nußbaumer, Benediktiner von Sarnen, «Rosenkranzpater» genannt. Rechts unser «Hoffotograf», Lokomotivführer J. R. Rosenkranz-Thuli mit Frau.
Seite 39: Prälat Franz Höfliger, der Erbauer der St.-Gallus-Kirche in Zürich-Schwamendingen, spendet den Kranken den Abendsegen.
Seite 40: Morgens in Lourdes. Bildung des Pilgerzuges. Von links: Joseph Hasler, Bischof von St. Gallen, Dr. Johannes Vonderach, Bischof von Chur.
Seite 41: Bruder Leo an der Spitze mit der Votivkerze der Deutschschweizerischen Lourdes-Wallfahrt.
Seite 42: Fahnen mit Bruder Klaus und dem Schweizer Kreuz werden vorangetragen.
Seite 43: Über zweitausend Pilger aus der deutschen Schweiz folgen dem Zug, der von Bruder Leo angeführt wird (1961).
Seite 44: Das Ziel ist erreicht: die gewaltige Rosenkranz-Basilika, dahinter rechts die Felsengrotte Massabielle.

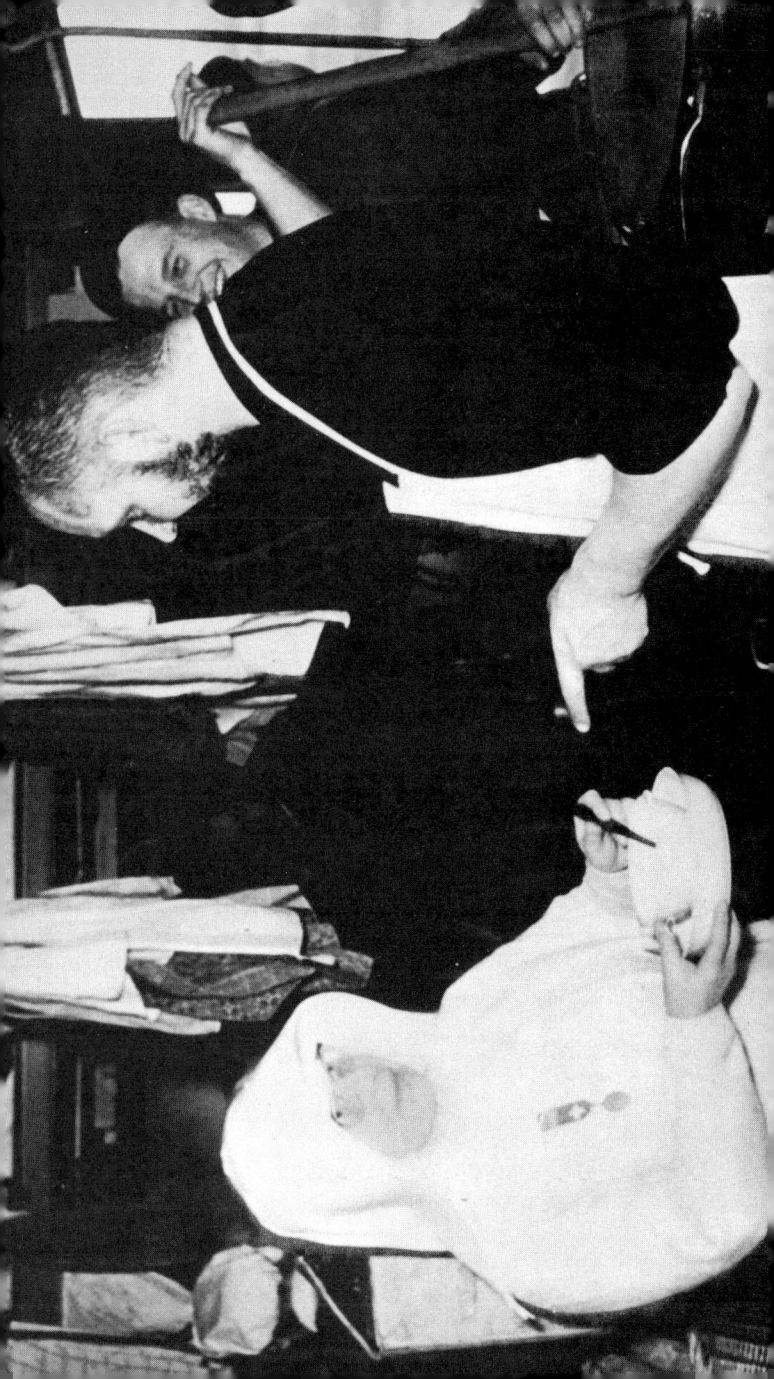

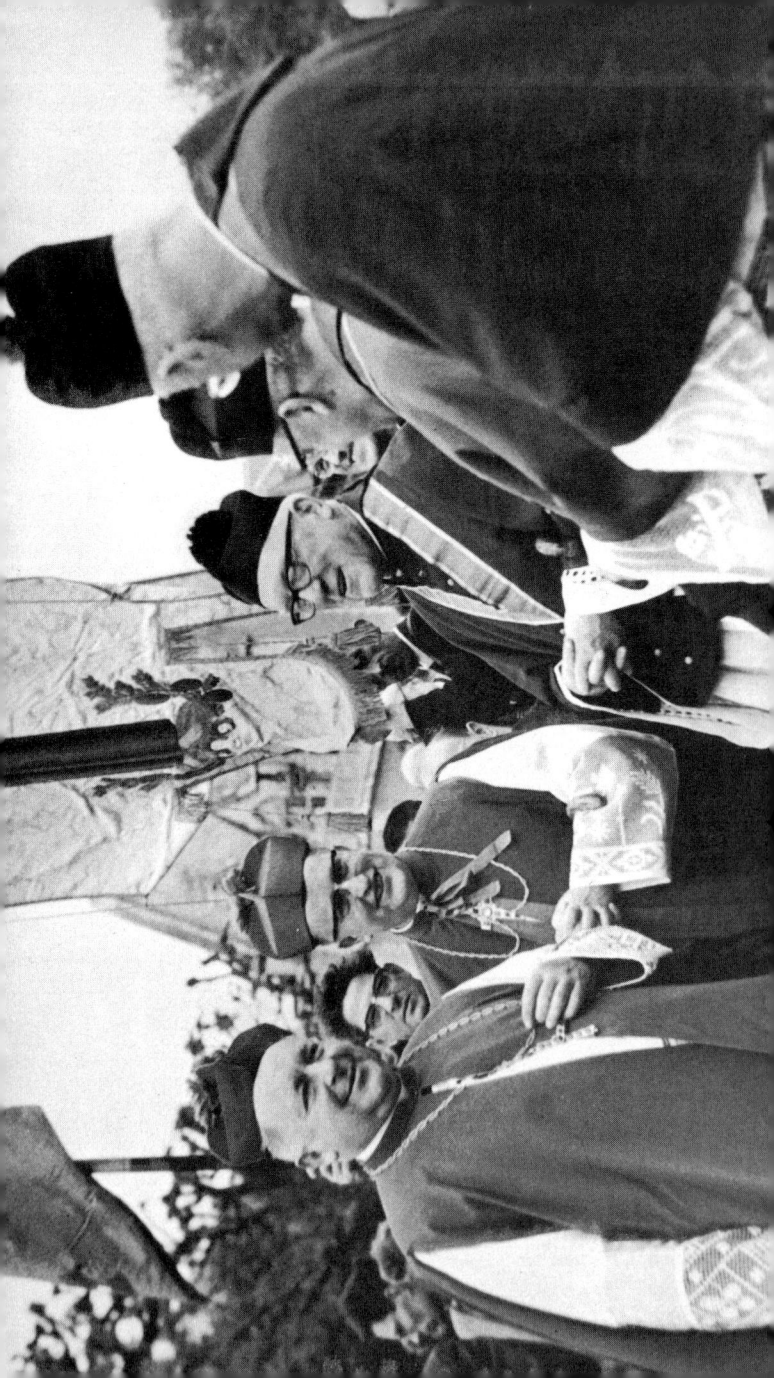

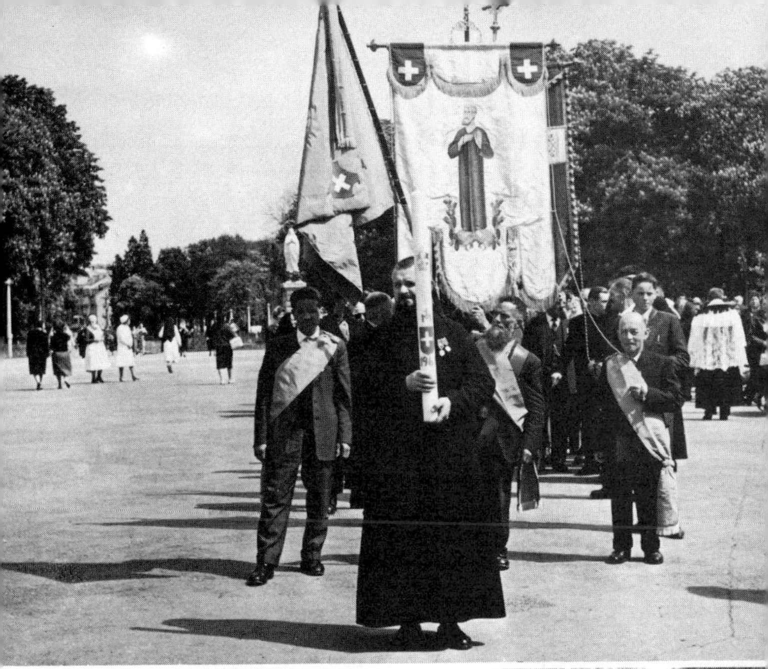

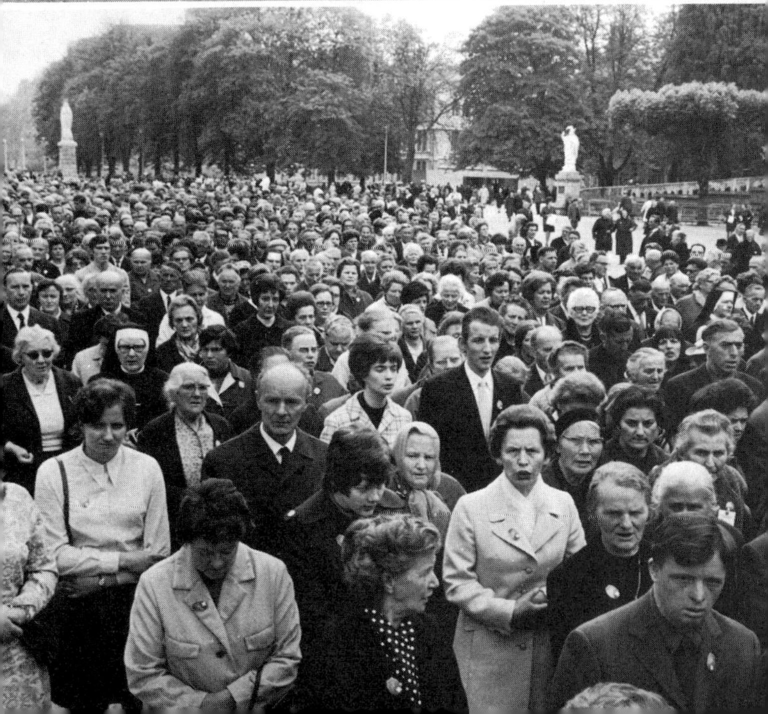

den Entschluß, fragte der Vater. Aber er kannte Bernhard und legte ihm kein Hindernis in den Weg. Schließlich könne er es probieren, meinte er.

Als sich Bernhard entschloß, bei seinen Meistersleuten in Reigoldswil die Kündigung einzureichen, war ihm etwas bange. Sie hingen an ihm und schätzten ihn. Nun, der Schritt mußte getan werden, wollte er dem Ruf Gottes Folge leisten. Die Gesundheit ließ zwar zu wünschen übrig. Kopfschmerzen und Unwohlsein waren seit dem Spitalaufenthalt nie mehr ganz verschwunden. Das Urteil des Arztes lautete dahin, daß das die Folgen des Unfalles und der Diphtherie seien und daß sie verschwinden würden. Also kündigte Bernhard seine Stelle. Warum denn? Ob's ihm bei ihnen nicht mehr passe? fragten sie erstaunt. Und als er gestand, er wolle in ein Kloster, um Missionar zu werden, konnten sie das fast nicht verstehen. Der lustige Beni in einem Kloster? Sie meinten zuerst, er mache Spaß und glaubten ihm nicht. Es gab noch manchen Disput über diese Angelegenheit. Auf Anfang November 1945 packte er seine Siebensachen. Ein Foto mit der Aufschrift «Ade, du schöne Welt» zeigt ihn mit lachendem Gesicht.

Am Allerseelentag 1945 reiste er nach Freiburg. Bisher hatte er nur schriftlichen Kontakt. Nun stand er an der Pforte des Benediktinums, wo er von P. Prior herzlich empfangen wurde. Kurze Zeit trug er noch seine weltliche Kleidung, dann wurde er als Postulant eingekleidet. Er fühlte sich glücklich und schwang die Kochkelle in der Klosterküche wie vorher in der Pension. Prior P. Notker Mannhart schätzte bald den frohen, pflichtbewußten Postulanten, von dem er später lachend sagte: «Da haben wir die Katze im Sack gekauft.» Die Nummer acht lebte sich rasch ein in den Tagesablauf des Klosters. Hier fühlte sich Bernhard wie in einer großen Familie. Arbeit und Gebet, Gemeinschaft und Stille entsprachen so sehr seinem Gemüt, daß er um keinen Preis den Rückweg hätte antreten wollen. Als er nach der Einkleidung am 21. November 1945 den langen Habit tragen durfte, war er noch glücklicher, obwohl er sich anfänglich schwertat darin und immer wieder draufstand, wenn's über eine Treppe ging oder wenn er's eilig hatte.

DER TAGESABLAUF IM BENEDIKTINUM

In der Morgenfrühe um 4.35 Uhr, wenn die Stadt noch schlief und der Morgenstern sich dem Horizont nahte, gab's Tagwacht in der Klosterfamilie. Bernhard war das Frühaufstehen gewohnt. Um fünf Uhr kamen alle in die Kapelle zum Chorgebet.
«Seht, wie die Schatten dunkler Nacht verblassen.
Frühlichtes Leuchten rosenfarben glüht!
Laßt uns aus allen Kräften innig bitten
Gott, den Allmächtigen,
daß er sich unser liebevoll erbarme,
Schlaffheit vertreibe, uns zum Heil begnade . . .»
Wie der Ordensgründer, der heilige Benedikt, es angeordnet hatte, so beginnen sie den Tag, der durch die große Klugheit des Heiligen während Jahrhunderten in derselben Ordnung sich abspielt: Gebet, Betrachtung, Arbeit, Erholung, alles in brüderlicher Eintracht.

46

Durch das Offizium werden die Herzen auf die wichtigste Stunde des Tages vorbereitet. Um halb sechs beginnt die Konventmesse, das heiligste Geschehen, die unblutige Wiederholung des Kreuzesopfers Christi und des Abendmahles. Nach der Messe ist Danksagung und stille Betrachtung. Zweimal in der Woche haben die Novizen nach der Konventmesse Konferenz, das heißt Unterricht über Ordensleben, Regel, Askese, Ordensgeschichte.

Wenn keine Konferenz war, marschierte Bernhard in die Küche, um das Frühstück zu bereiten. Nach dem wohlverdienten «Zmorgen» ging jeder an seine Arbeit nach dem weisen benediktinischen Wahlspruch: «Ora et labora – Bete und arbeite!». Um halb eins war Mittagessen, dann Freizeit und um Viertel vor zwei Vesper. Hernach Arbeit und um halb vier Kaffeepause, um Viertel vor sieben Chorgebet und geistliche Lesung, um halb acht Abendessen. Dann Erholung bis zur Complet um Viertel nach acht.

Sie waren ihrer dreißig im Benediktinum in Freiburg. Das Noviziat im Kloster ist Bernhard heute noch in bester Erinnerung. Der klösterliche Lebensstil sagt ihm zu. «Die Gemeinschaft», schreibt er, «ist familiär. Pater, Brüder und Fratres – alles haben wir gemeinsam, wir kennen keine Trennung. Ich war vorher nie in einer klösterlichen Gemeinschaft, darum kam mir alles sehr feierlich vor, was in diesem Haus geschah, das Beten, Singen und das Arbeiten bei Stillschweigen. Großen Eindruck auf mich machte die erste Profeß, die ein Frater, Ivo Auf der Maur, zwei Wochen nach meinem Eintritt ablegte.»

Bernhards Frohsinn zeigte sich besonders in der Freizeit, beim Spazieren oder Spielen. Bei trübem Wetter wurde ein Jaß gemacht wie einst zu Hause. Am Sonntagnachmittag reicht die Zeit bis vier Uhr für manchen lustigen Spaß.

Die Tage waren reich angefüllt, so daß man am Abend bei der Complet mit Dank und Befriedigung vor Gott hintreten konnte. Ein tiefer Friede lag über allen, wenn sie sich neigten vor dem Herrn und beteten:

«Behüt uns, Herr, wie deinen Augenstern. Im Schatten deiner Fittiche beschütze uns... Wir bitten dich, Herr, suche heim dieses Haus und verbanne die Nachstellungen des Feindes weit von ihm. Laß deine heiligen Engel darin wohnen, daß sie uns in Frieden behüten, und dein Segen sei allezeit über uns.»

Der klösterliche Tagesablauf bewegt sich in einem wunderbaren Rhythmus, gesund für Leib und Seele. Beide gewöhnen sich daran und fühlen sich wohl. Während seines Postulatsjahres konnte Bernhard sich einleben, so daß er keinen andern Wunsch kannte, als für immer in dieser Gemeinschaft bleiben zu dürfen, um dann später in die Mission zu gehen.

BERNHARD WIRD BRUDER LEO

Ein Jahr war er nun im Kloster. Nun galt es, das Ja zum Bleiben oder das Nein, welches ein Zurückkehren in die Welt bedeuten würde, auszusprechen. Für Bernhard gab es kein langes Überlegen. Das einzige, was ihn hie und da bedrückte, war sein Gesundheitszustand. Kopfschmerzen und Unwohlsein stellten sich immer wieder ein. Das ärztliche Urteil lautete aber wie schon beim Eintritt, diese Zustände würden sich verlieren, sie seien Folgen des Unfalls und der Diphtherie. Am 4. Dezember 1946, dem Fest des großen Missionars Franziskus Xaverius, wurde Bernhard ins Noviziat aufgenommen. Die klösterliche Feier beeindruckte den jungen Mann aufs tiefste. Was er wohl für einen Klosternamen bekäme, fragte er sich. P. Prior sprach vom Leben des heiligen Franz Xaver. Ob das vielleicht sein Ordensname würde? Nein, Bernhard erhielt Leo den Großen zum Patron. Der heilige Leo war jener große Papst (440–461) und Kirchenlehrer, der als entschlossener Hüter der kirchlichen Rechtgläubigkeit, als Wahrer der Rechte des Papsttums und als Retter der abendländischen Kultur in die Geschichte einging. Den einstürmenden Barbaren reiste er bis Mantua entgegen und bewog den siegreichen Hunnenkönig Attila, den man die «Geißel Gottes» nannte, mit der Kraft seines Geistes zur Umkehr. Nun mußte sich Bernhard daran gewöhnen, daß man ihn Bruder Leo nannte.

Sein Revier blieb die Küche, wo er bald ganz selbständig arbeitete. Die klösterliche Erziehung formte ihn immer prägnanter im benediktinischen Geist, ohne die starke Individualität des Ostschweizers zu erdrosseln. Er blieb trotz des ernsten geistlichen Lebens der fröhliche Bernhard. Die Seinen sah er vorläufig nicht mehr, und sie fragten sich oft, wie's ihm wohl ergehe im Kloster. Das durften sie erst erfahren am 8. Dezember 1947, dem Tage seiner Profeß. Da reisten sie nach Freiburg und überbrachten Grüße. Jener 8. Dezember 1947, Fest der Unbefleckten

Empfängnis Mariens, ist für Bruder Leo *der* Tag seines Lebens geworden.

Die Vorbereitung erforderte innere Sammlung. Acht Tage durfte der zum Ordensstand Berufene den Vorträgen des Exerzitienmeisters lauschen. Die Themen behandelten das Kernstück des Evangeliums: die Bergpredigt unseres Herrn. In einer Novene mit Anrufung der Heiligen Gottes und anderen Gebeten wurde der Himmel bestürmt: denn was könnte ein Klosterbruder unternehmen ohne die Hilfe von oben. Er war ja, wie er sich ausdrückte, ein «ganz gewöhnlicher Junge». Aber sind es nicht stets die «ganz Gewöhnlichen, Namenlosen», deren sich der Herr bedienen will? Sie, deren großes Fest herannahte, war auch eine arme, unbekannte «Magd» des Herrn. Bruder Leo freute sich, ein «Knecht» des Herrn zu werden durch die Ganzhingabe seines Lebens. Damit, so dachte er, durfte er auch der «kleine Knecht» der lieben Gottesmutter werden. Er hatte sie ja von Kind auf besonders geliebt. In diesen Tagen erinnerte er sich wieder mit Dankbarkeit, wie seine eigene Mutter ihn zur himmlischen Mutter hingeführt hatte, und er war sich bewußt, daß die so früh Heimgegangene ihm jetzt ganz nahe sein würde mit ihrem Gebet. Mit tiefem Vertrauen richtete er mit seinen Brüdern folgendes Gebet an Maria:

«Heilige Mutter und Jungfrau, beschütze mein Leben mit deiner Liebe! Deine gütige Hand führe und stütze mich. Erfülle du, o mächtige Königin, meine stillen Wünsche, die auf deine Milde harren. Breite deinen Schutz über unsere Gemeinschaft aus und segne unser Tun. Bewahre uns vor jedem Übel des Leibes und der Seele. Schaffe Frieden und Einigkeit unter uns und lehre uns den Herzensfrieden erkennen und bewahren.»

Sie beteten auch miteinander um die wahre Freude, die das Menschenleben braucht wie Luft und Sonne, mit folgenden Worten:

«Öffne du, o Herr, meine Seele und schenke mir gnädig deine Huld und deine reiche Gnade! Erbarme dich meiner, o Herr, und pflanze mir wahre Freuden ins Herz. Gib mir den *Kern* der wahren Frömmigkeit. Rechne mir nichts zur Schuld an, Heiliges Herz Jesu, da ich schwach bin und arm. Stärke mich in deiner Nachfolge und weise mich auf die rechte Bahn, auf daß ich deinen heiligen Willen erfülle. Gib mir den Geist der Innerlichkeit und senke *deine Freuden* in meine Seele, auf daß ich im Geiste und in der Wahrheit deine Liebe erkenne. Führe du mich, Herr, in deiner Kraft!»

Wessen Seele öffnet sich nicht für das Einströmen des Heiligen Geistes, wenn sie während neun Tagen um dasselbe betet?

«Bittet und ihr werdet empfangen!

Suchet und ihr werdet finden!»

Der unvergeßliche 8. Dezember 1947, das Fest der Unbefleckten Empfängnis Mariens, wurde für Bruder Leo der Markstein in seinem Leben. Ähnlich wie Braut und Bräutigam den Hochzeitsmorgen erwarten, nur in einer anderen Sphäre, wird ein Profeßtag ersehnt. Die Nacht war kurz: Lange vor Tagesgrauen kniete der Novize vor seinem Herrn. – Und er war wohl der erste, der heute seiner himmlischen Mutter zum hohen Vorzug ihres Lebens gratulierte. Sie aber senkte ihren Blick voll mütterlicher Liebe auf sein Wesen, jenen Blick, der durch Teilnahme an

Gottes Allwissenheit weit über die Grenzen dieser Stunden hinaussah. Er gab sein Leben bewußt in ihre Hände, und SIE nahm es an, um es ihrem göttlichen Sohn zu schenken. Denn Maria behält nichts für sich: Ihr größtes Glück ist es, alle Menschen durch den Heiligen Geist ihrem göttlichen Sohne zuzuführen. Welche Wonne mußte es für dieses edelste Mutterherz bedeuten, als sie Bruder Leos Stimme vernahm, wie er ruhig und sicher, allen vernehmbar, die Gelübde der Armut, des Gehorsams, der Keuschheit, der Beständigkeit aussprach: «Ich, Bruder Leo Schwager von Balterswil, gelobe feierlich zu Ehren der allerseligsten Jungfrau, des heiligen Vaters Benedikt und aller Heiligen, deren Reliquien hier aufbewahrt werden, meine Beständigkeit, klösterlichen Lebenswandel und Gehorsam nach der Regel des heiligen Benedikt . . .»

«Suscipe me, Domine!»

Ja, der Herr hat ihn angenommen und wird ihn führen, einen Weg zwar, den Er ihm heute nicht zeigen kann, den Weg eines schweren Kreuzes, aber auch einer außergewöhnlichen Machttat seiner Güte, auf Marias Bitte hin, damit er zum Zeichen für viele werde.

Keiner, der der Festpredigt seines Heimatpfarrers, Paul Bauer von Bichelsee, lauschte, zweifelte daran, daß der Benediktinerbruder ausziehen werde in die Missionen.

Und vielleicht fühlten Vater und Geschwister trotz der großen Freude, die sie heute erleben durften, doch einen gewissen Schmerz im Gedanken daran, daß ihr Bernhard nach dem fernen Afrika reisen werde und sie ihn lange nicht mehr sehen würden.

Besonders folgende Worte des Predigers nahmen sie in diesem Sinne auf: «Lieber Bruder Leo, auch dir steht eine *Sendung* bevor, und diese Sendung ist eine wahre Gnadensendung. Wie sie sich erfüllen wird, das überlaß dem Willen Gottes und deinen Ordensobern...» Ja, diese Gnadensendung sah in Gottes weisem Plan so ganz anders aus, als sie es erwarteten.

Nach der schönen kirchlichen Feier gab's ein frohes Wiedersehen mit den Lieben aus der Heimat. Zuerst schauten sie Bruder Leo scheu an. Er kam ihnen so anders vor im Habit und mit seinem schwarzen Bart. Aber bald mußten sie erkennen, daß er noch ganz der einfache, fröhliche Bernhard von einst war. Dieser 8. Dezember war ein Tag voll überirdischer Freuden. Als es still geworden war und die Nacht über der Welt lag, kniete Bruder Leo nochmals vor seiner himmlischen Mutter, und es war ihm, als bete seine längst heimgegangene Mutter den Lobgesang des Magnifikats in großer Innigkeit vereint mit ihm: «Hochpreiset meine Seele den Herrn...»

DIE SCHWERSTE AUFGABE: DAS LEIDEN

Der Alltag begann wieder, der gesegnete, harmonische Alltag im Kloster. Bruder Leos Königreich blieb die Küche. Fröhlich wie immer schwang der «rührselige» Leo die Kochkelle wie ein Szepter, briet und dämpfte und schabte, nippte und versuchte, ob's auch recht sei im Geschmack, und das alles trotz beständiger Kopfschmerzen. Er hatte sich daran gewöhnt, daß sein Kopf nie mehr war, wie er sollte.

Aber eines Morgens, bald nach seiner Profeß, sah er plötzlich alles doppelt: zwei gleiche Pfannen nebeneinander, zwei Herde, zwei Lampen darüber und beim Frühstück zwei Tassen. Welche sollte er fassen? Kein Mensch dachte daran, daß diese *Sehstörungen* das Anzeichen einer unheilbaren Krankheit waren, Bruder Leo selber am wenigsten. Er und die Obern glaubten dem Urteil der Ärzte, die schon beim Eintritt ins Benediktinum seine Kopfschmerzen als Folge des Unfalles und der Diphtherie angesehen hatten.

Die Sehstörungen kamen und vergingen. Der Koch machte seine Sache trotzdem recht, und wer hätte ihn je kopfhängerisch gesehen? Wie immer erhob er sich mit den Brüdern in der Morgenfrühe, und wenn es fünf Uhr schlug, kniete er in der Kapelle beim Chorgebet. Eines Tages aber traten *Gehstörungen* auf. «Merkwürdig, mein linkes Bein hat keine Kraft mehr», mußte sich Bruder Leo sagen; er zog es nach. Dem Prior gefiel die Sache nicht. Der Hausarzt wurde konsultiert, doch fand er die Ursache dieser Störung nicht heraus, weil sie schubweise auftrat und zeitweise wieder verschwand. Bruder Leo brauchte nun selbst in der Küche einen Stock. Es war nicht immer leicht, sich auf den Stock zu stützen und zugleich in den Pfannen zu rühren. Eines aber hat Bruder Leo nie verlernt – trotz aller Beschwerden: das Lachen. Nach dem Zeugnis seiner Mitbrüder verließ ihn sein goldener Humor selten. Er war und blieb ein Sonnenstrahl in der Klostergemeinschaft. Mit Besorgnis beobachtete Pater Prior den Zustand des jungen Mönches, der immer noch felsenfest auf Aussendung in die Mission hoffte. Und sicher hat er ihn in besonders väterlicher Weise dem Herrn und seiner heiligsten Mutter empfohlen.

Monate gingen dahin, ohne daß eine entscheidende Wendung eintrat. Eines Tages aber erschrak Bruder Leo nicht wenig, als er nicht mehr richtig sprechen konnte. Beim Chorgebet stockte er, im Gespräch wurde seine Zunge wie gelähmt. Es traten die ersten *Sprachstörungen* auf, aber auch diese kamen und vergingen.

Drei Jahre, von 1947 bis 1950, hatten nun die gesundheitlichen Störungen schon gedauert und sich noch verschlimmert. Es war schon November, und der 8. Dezember sollte die größte Entscheidung in Bruder Leos Leben bringen. Die Vorbereitung für die Ablegung der ewigen Gelübde begann. Er litt unsäglich. «Ich bin unfähig, Missionar zu werden», sagte er sich. «Ich darf die ewige Profeß nicht ablegen, ich bin nur eine Last für den Orden.» Die Nacht brach über sein Gemüt herein. Wo waren Humor und Lachen? Sein Gesicht, vom schwarzen Bart umrahmt, schien noch bleicher, und in den Augen war der Freudenglanz erloschen. «Maria, hilf, du hast noch keinen deiner Söhne verlassen», so flehte er unaufhörlich. Aber auch der Prior, Pater Notker, rief die allerseligste Jungfrau an. Es waren schwere Stunden für beide. Die Mutter der Barmherzigkeit, welcher in diesen Tagen von Pius XII. eine ganz große Verherrlichung durch das Dogma ihrer leiblichen Aufnahme in den Himmel zuteil geworden war, senkte ihren Blick auf die geprüften Söhne. Und sie, die weiseste, gütigste, mächtigste Mutter erleuchtete beide. Der Prior erkannte mit Sicherheit, im Vertrauen auf Gott, daß Bruder Leo durch die ewigen

Gelübde für immer in den Orden aufgenommen werden dürfe, und dem kranken Sohn wurde innerlich gezeigt, daß dies der Wille Gottes sei. Nach den schwarzen Stunden dieser seelischen Nacht drang das Licht des Heiligen Geistes wieder spürbar in Leos Seele ein. Ohne weiter zu grübeln, legte er sein Leben durch Maria in Gottes Hände, ganz und gar seinem Willen ergeben.

Ruhe und Friede kehrten wieder ein in seine Seele, der Friede, der trotz Leiden ein unfaßbares Glück in sich birgt. Bruder Leo durfte erfahren, wie Seligkeit und Schmerz vereint einen Zustand der Seele bewirken können, der nur übernatürlich zu verstehen und mit menschlichen Worten nicht zu beschreiben ist.

So nahte der 8. Dezember 1950, das große Herzensfest der Immakulata und ihres auserwählten Benediktiners Bruder Leo. Freude und ein großes Glück überstrahlten diesen Tag. Es war, als ertöne das Wort des heiligen Ordensvaters Benedikt: «Seht, in seiner Vaterhuld zeigt uns der Herr den Weg des Lebens.» Lob, Preis und Dank entströmten dem Herzen des Professen, der sich vor der ganzen Ordensfamilie nun auf *ewig* Gott weihen durfte. Wieder feierten seine Lieben, Vater, Brüder, Schwestern und deren Gatten, Götti und Gotte, das Fest mit. Tiefgerührt lasen sie alle auf dem Profeßbildchen den vielsagenden Text:

«Am Feste der Unbefleckten Empfängnis Mariens im Heiligen Jahr 1950 durfte sich im Priorat St. Benedikt zu Freiburg als Benediktinermissionar auf ewig Gott weihen

Bruder Leo Schwager OSB

Ganz schön bist du, Maria, die Makel der Erbschuld ist nicht an dir.»

Und wieder begann der Alltag mit seinen kleinen und großen Pflichten und Mühsalen, wie sie das Zusammenleben in einer Gemeinschaft mit sich bringt. Die Gewißheit, das Leben für ewig Gott geweiht zu haben, erfüllte Bruder Leo mit tiefem Frieden. «Vater, dein Wille geschehe!» Die Arbeit wurde für ihn immer schwerer. Und eines Nachmittags konnte er sich nicht mehr erheben. Die ganze linke Seite war gelähmt. Hilflos wie ein Kind lag er da und mußte für den kleinsten Dienst den Krankenbruder beanspruchen, er, ein junger Mann von sechsundzwanzig Jahren, er, der lustige Beni von einst, der getanzt und gesungen, bäuerliche Arbeit geleistet und hernach als tüchtiger Koch seine Pflicht erfüllt hatte, er lag da und mußte sich bedienen lassen.

Der Prior, P. Notker Mannhart, sah ein, daß der Kranke sich einer gründlichen klinischen Untersuchung stellen mußte. Bruder Leo wurde nach Zürich ins Theodosianum gebracht. Mit Sorgfalt und Liebe wurde er von den Kreuzschwestern gepflegt. Er erinnert sich noch, wie ihn einmal eine Schwester lange anschaute und dann ganz ernst sagte: «Sie sollten nach Lourdes.»

«Ich armer Klosterbruder kann doch nicht nach Lourdes», erwiderte er, und damit war die Sache für ihn abgetan.

Dr. Ott, Oberarzt am Theodosianum, gab nach Freiburg den Bericht, es handle sich bei dem Kranken seiner Meinung nach um Multiple Sklerose. Sie rieten aber noch zu einem zweiten klinischen Untersuch in der Neurochirurgischen Poliklinik, wo Dr. Krayenbühl die Diagnose zu stellen hatte. Armer Bruder Leo! Apathisch ließ er alles über sich ergehen. Nach ungefähr zwei Monaten wurde er als unheilbar heimgebracht. Das Urteil Dr. Krayenbühls bestätigte jenes der andern Ärzte: Multiple Sklerose.

Was ist Multiple Sklerose? Es handelt sich um eine Markverlustkrankheit des zentralen Nervensystems (Hirn und Rückenmark), bei der zerstreute (multiple) Entzündungsherde und später deren verhärtete Narben (Sklerose) die Hüllen der Nervenleitungen schädigen und zu Bewegungsstörungen in den verschiedenen Muskelgebieten führen.

Der Patient leidet je nachdem an Seh-, Gefühls-, Sprach- oder Gleichgewichtsstörungen; es können sich Lähmungen der Gliedmaßen oder Störungen der Blasenfunktion einstellen. Die Krankheit verläuft meistens in Schüben, denen beschwerdefreie Ruhezeiten folgen.

Multiple Sklerose ist keine Alterskrankheit, sondern tritt meistens schon im dritten oder vierten Lebensjahrzehnt auf. Ihre Verbreitung in der Schweiz beträgt mindestens ein halbes Promille.

Die Ursachen der Krankheit sind noch ungeklärt, und eine Bekämpfung des Übels an der Wurzel ist bis heute nicht möglich. Die in vielen Fällen eintretenden Lähmungserscheinungen zwingen häufig schon jüngere Menschen zur Änderung oder Aufgabe ihrer Erwerbstätigkeit. Ihre Lebenserwartung ist hoch (bis 95 Prozent der durchschnittlichen Lebenserwartung).

Die Bezeichnung Multiple Sklerose war für den kranken Klosterbruder kein Begriff. Er dankte Gott, als er wieder im Kloster sein durfte. Bruder Leo wurde für kurze Zeit nach Uznach gefahren, um dort in der Prokura sitzend kleinere Arbeiten verrichten zu können. Doch bald erkrankte der derzeitige Koch im Benediktinum an Blinddarmentzündung, und so holte man Bruder Leo nach Freiburg zurück, damit er seinem Mitbruder mit Rat beistehen könne in der Küche.

In dieser Zeit begann er auch nach den Vorschriften von Dr. Evers zu leben. Das war nicht immer leicht, wenn man die guten Düfte der Küche in der Nase hatte und dabei sein «Hühnerfutter» essen mußte. Er studierte den Dingen nicht nach, nahm jeden Tag sein Kreuz von neuem auf sich und ergab sich ganz in den Willen Gottes. Seine größte Aufgabe war jetzt das Leiden und mit ihm verbunden das Beten. Wie viele Rosenkränze betete er auf dem Krankenlager für die großen Anliegen des Reiches Gottes. Jetzt fand er Zeit genug dazu.

Wie ein Vater sorgte sich der Prior um ihn. Wohl viel schwerer, als Bruder Leo ahnte, drückte ihn die Erkenntnis, daß der Kranke vom Tode gezeichnet war. Der Zustand verschlimmerte sich. Gott nahm seinem Diener nach und nach alles weg, was sein Leben ausgefüllt hatte, zuerst die Arbeit, dann den Gebrauch der Glieder, zuweilen das Augenlicht und die Fähigkeit zu sprechen. Bruder Leo hat alles geduldig ertragen, bezeugen seine Mitbrüder, und sogar seinen alten Humor hin und wieder gezeigt. Er war dankbar für den kleinsten Dienst. Sein geistliches Leben erstarkte in diesen Leidensjahren um so mehr, als sein Körper dahinsiechte. Er hatte sich ja Gott geweiht für ewig. Also würde der himmlische Vater ihn keinen Augenblick verlassen, davon war er überzeugt, wenn auch dieses Wissen nicht immer über das Gefühl siegte. Er erinnerte sich an das Wort eines Geisteslehrers, daß «der gegenwärtige Augenblick» das große Geschenk Gottes an uns Menschen sei und daß die Seele die Augen gleichsam schließen solle, um nicht des Weges zu achten, den Gott sie führt. Diese Erkenntnis kam durch das Gnadenwirken des Heiligen Geistes zustande, der auf keinen Widerstand stieß. Der Heilige Geist braucht einfache Seelen, um sich den Menschen kundzutun. In diesem kranken jungen Mönch bereitete er in zwar schmerzlicher, aber um so intensiverer Weise das große Werk vor, um seine allerreinste Braut vor den Menschen zu verherrlichen und ihnen zu zeigen, daß es überirdische Mächte gibt, die unser

---

Zu den Bildern:

Seite 61: Jugendliche führen einen kranken Kameraden zur Grotte.

Seite 62: Die Kranken vor der Grotte.

Seite 63: Messe für die Kranken, die in Kreuzesform aufgestellt werden.

Seite 64: Kranke beim Gottesdienst vor dem Altar der heiligen Bernadette.

Seite 65: Schwerkranke mit eiserner Lunge.

Seite 66: Zehn blinde Männer beten in der Grotte. Erinnert dieses Bild nicht an die zehn Aussätzigen, die von Christus geheilt wurden?

Seite 67: Wie Moses, so beten diese Kranken mit ausgebreiteten Armen.

Seite 68: Kranke, so weit das Auge reicht. Eine solche Konzentration des Elends und der Hoffnung gibt es wahrscheinlich nur in Lourdes.

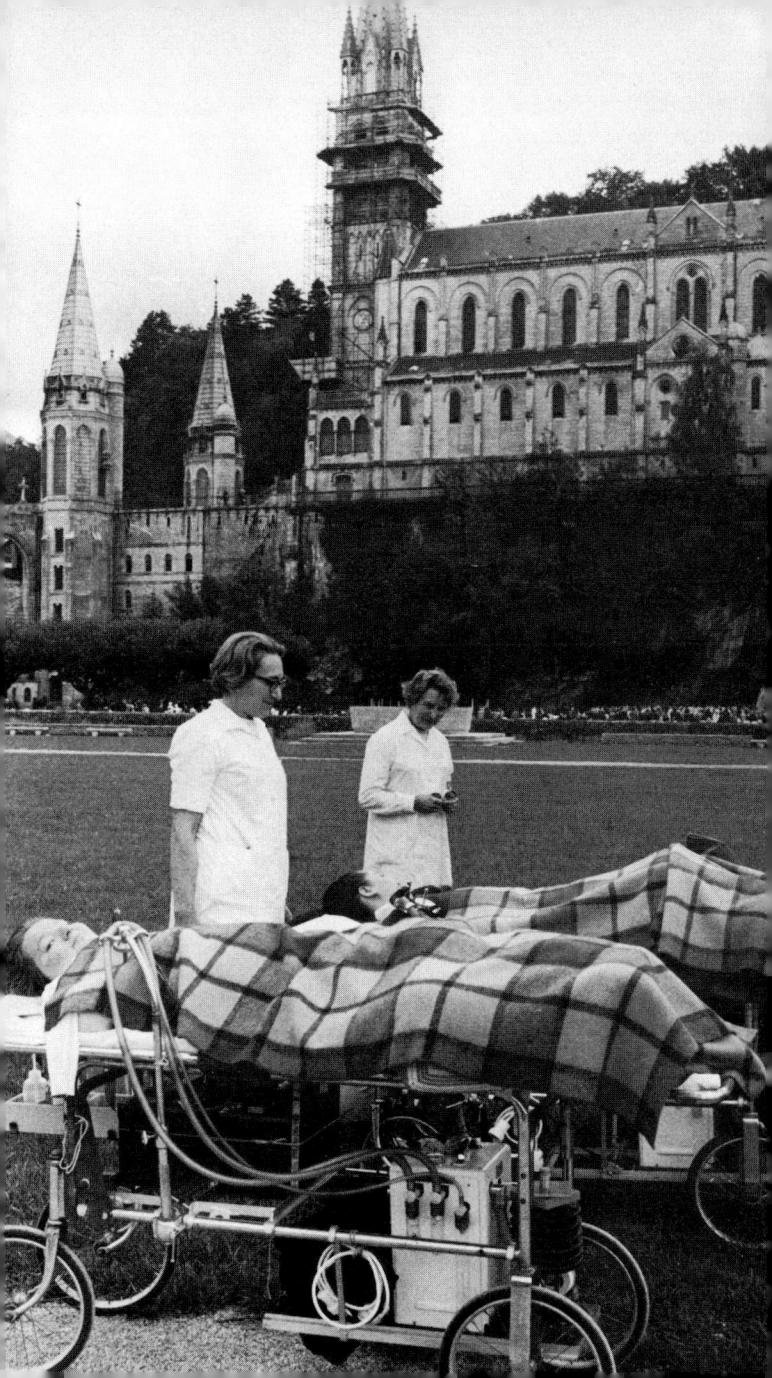

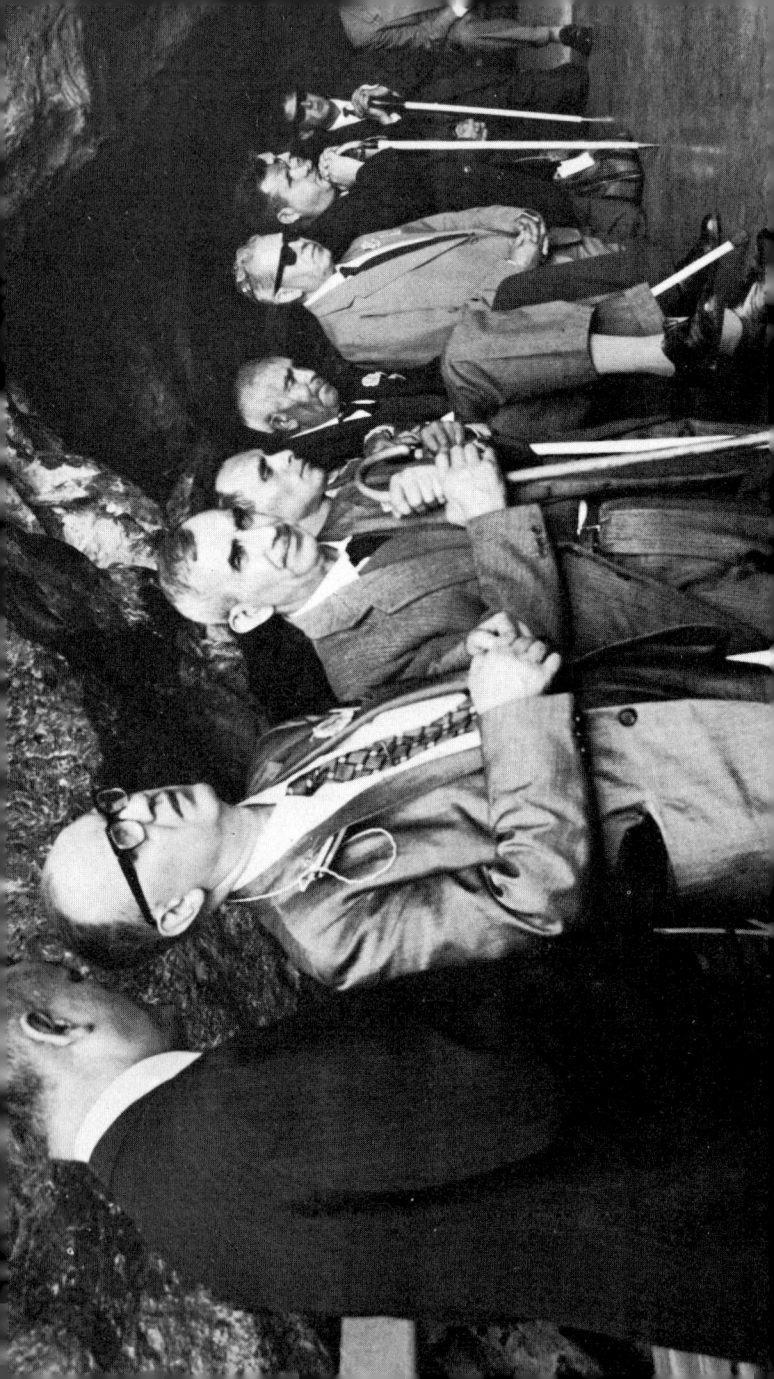

kleiner Verstand nicht fassen kann und denen er sich beugen soll.

EIN WICHTIGER ENTSCHLUSS

Das Frühjahr 1952 nahte. Für Bruder Leo glich ein Tag dem andern: leiden, sich bedienen lassen, beten, immer wieder beten, Augenblick für Augenblick. Zukunftspläne gab es für den jungen Mann keine mehr. Aber der Himmel bereitete einen großen Plan für ihn vor und suchte seine Werkzeuge aus.
Stille lag über dem Benediktinum, ein Märzabend voll Glanz und Milde, voll Verheißung und Sehnsucht. Das große Schweigen hatte begonnen, aber die Amseln achteten seiner nicht. Sie flöteten wunderbar in den Abendhimmel hinein. Pater Notker stand am Fenster und lauschte. Merkwürdig, immer wieder kreisten seine Gedanken mehr als sonst um den kranken Bruder Leo. Es tat ihm so leid, dieses Leben in der Jugendblüte verwelken zu sehen. Er betete und dachte nach. Hinzu kam, daß Abtbischof Joachim Ammann OSB, der in Ndanda (Tanzania) Missionsbischof gewesen war und der nach seiner Resignation mehrmals den schweizerischen Pilgerzug begleitet hatte, die Anregung einer Lourdes-Pilgerfahrt machte. Und auf einmal überwältigte Pater Notker der Gedanke: Bruder Leo muß nach Lourdes! In dieser Nacht schlief er nicht viel; ein großer Entschluß reifte in ihm. Ganz früh trat er an Leos Krankenbett und sagte: «Bruder Leo, diese Nacht kam mir etwas in den Sinn. Das beste ist, wir schikken Sie nach Lourdes.»

Erstaunt schaute der Kranke zum Prior auf. Seine Augen sprachen aus, was der lahme Mund nicht konnte: Freude, Dank und Hoffnung. «Ganz gewiß ist es der Wunsch der Mutter Gottes», beteuerte Pater Notker. Das war ein Ereignis im ewigen Einerlei des Alltags. Das Telefon schellte. Gespräche hin und her mit der Pilgerleitung des deutschschweizerischen Pilgerzuges für Gesunde und Kranke. Der Anmeldetermin für Kranke war längst abgelaufen. Der damalige Pilgerführer, Pfarrer Johann Büchel, ließ sich trotz Terminüberschreitung für den Plan gewinnen. «Gut, wir nehmen den armen Kerl noch mit», versprach er in seiner robusten, aber herzensguten Art. Auf einmal hatte sich für Bruder Leo ein Tor aufgetan, und er konnte sich auf etwas Kommendes freuen.

Lourdes! Sollte es wirklich wahr werden, daß er zu Füßen der Mutter Gottes von Lourdes beten würde? Er suchte sich zu vergegenwärtigen, was er von diesem heiligen Ort schon gehört und gelesen hatte. Und alle Patres und Brüder sprachen von nun an, wenn sie ihn besuchten, nur noch von Lourdes. Der Tag der Abreise war auf den 28. April 1952 festgelegt.

DIE GROSSE REISE

Wer sie schon mitgemacht hat, diese Pilgerreise der großen Lourdesfamilie, den überkommt ein stilles Heimweh und Verlangen, wieder dabeizusein, wenn der Zug, angefangen vom äußersten Bergdorf der Schweiz bis hinunter ins Flachland, die Pilger aufnimmt und sie vereint zu einer großen Familie. Arme und Reiche, Junge und Alte, Gesunde und Kranke, Männer und Frauen warten an den Bahnhöfen mit Taschen und Koffer. Wenn der Zug einfährt, suchen sie die Nummer ihres Bahnabteils; dann richten sie sich ein wie in einem Stübchen. Krankenschwestern und Wärter kommen und gehen, und es gibt für die Pilger gar sonderbare Dinge zu sehen und zu erleben. Die größte Aufmerksamkeit schenkt man den Kranken. Heute sind die weit bequemeren Sanitätswagen im Einsatz, was 1952 noch nicht der Fall war.

Im Benediktinum hatte man für Bruder Leo das Köfferchen gepackt. Im Auto wurde er zum Bahnhof gefahren. Alle winkten ihm nach. Es war dies am siebten Tag der Novene zur Unbefleckten, die man in der Klostergemeinschaft für ihn begonnen hatte. Bruder Leo schmerzten alle Glieder, aber die Freude, nach Lourdes zu pilgern, ließ ihn alles ertragen. Da stand schon der Pilgerzug. Johann Burger, der Präsident der Krankenwärter, nahm den Kranken auf die Arme und trug ihn ins Abteil der Barmherzigen Brüder, Steinhof, Luzern. Da lag er nun, bereit für die große Reise zur Mutter Gottes. Er wurde gerüttelt und geschüttelt, Stunde um Stunde. Er hörte beten und singen, wenn die Türe zum Abteil geöffnet wurde. Die Nacht senkte sich über die fahrende Lourdesfamilie. Das Rosenkranzgebet und die Lieder verstummten. Die Priester spendeten den Abendsegen. Bruder Leo konnte keinen Augenblick schlafen. Obwohl die Krankenbrüder alles taten, um ihm das Liegen etwas bequemer zu machen, litt er doch fürchterlich, als ob er gerädert würde. Es war eine lange Nacht. Als der Morgen tagte, waren sie weit weg von der Heimat. Andere Berge tauchten am Horizont auf, die Pyrenäen. Die Leute standen an den Fenstern und schauten sich das fremde Land an, die weiten Ebenen mit zerstreuten armseligen Gehöften, die Getreideäcker und Reben, Dörfer und Städte mit alten, grauen Kirchtürmen. Daß die Schweiz wie eine aufgeräumte Stube aussieht, im Gegensatz zu den zum Teil unbebauten Landstrecken, darauf waren die Leute nicht wenig stolz. Die Schwerkranken sahen von allem nichts. Es war neun Uhr morgens, als es hieß: «Lourdes».

Taschen und Koffer wurden in die Hand genommen. Wer laufen konnte, begab sich zu den Autocars. Für die Kranken, gestützt oder getragen von starken Armen, standen große Krankenautos zur Verfügung. Bruder Leo war hilflos und lahm, müde und unfähig zu denken. Endlich landete er im Spitalbett des Asyls «Notre-Dame de Lourdes». Und jetzt war er da, wo der Himmel ihn hingerufen: in Lourdes!

AN DEN HEILIGEN STÄTTEN

«Erhebe dich, meine Freundin, meine Schöne, und komm! Du meine Taube in der Felsenspalte, verborgen in der Grotte des Berges.
Laß mich schauen dein Angesicht, laß den Laut deiner Stimme mich hören! Süß ist deine Stimme, und dein Antlitz ist schön! Alleluja.»

Hoheslied von König Salomo 2, 13–14

Hat er sie geschaut, die Allerschönste, jener Sänger,

der vor Jahrtausenden diesen Sehnsuchtsruf geschrieben hat? Hat er Lourdes gesehen, die Felsenspalte, die Höhle von Massabielle? Ward ihm ein kleines, schüchternes Mädchen gezeigt, das mit weiten Augen hinaufgestarrt hat und vor Entzücken außer sich geriet? Hat er dessen Sehnsucht nach dem Laut der machtvollen Stimme gespürt und diese bittende Stimme gehört, als sie den Wunsch äußerte: «Sie sollen in Prozessionen hierherkommen»? Da sind sie nun weither gekommen in Prozessionen. Oder sie werden hergefahren und liegen nun in Reih und Glied am heiligen Ort, wo Bernadette Marias Stimme vernommen und in das schöne Antliz schauen durfte. Viele von ihnen vernehmen in ihrem Innern die Stimme der Mutter. Für jedes ihrer Kinder hat sie einen Trost bereit. Ob auch jener «arme Kerl» aus der Schweiz, den man aus Barmherzigkeit im letzten Augenblick noch auf die große Pilgerreise mitgenommen, der zärtlichsten Mutter Stimme vernimmt? Da liegt er, halbtot vor Müdigkeit und Schmerzen, der arme Bruder Leo. Er sieht nicht, wie die weise und mächtige Mutter ihren Blick ganz besonders auf ihn herniedersenkt und voll Mitleid ihren göttlichen Sohn anfleht. Wer kennt schon die Geheimnisse und die Macht des liebsten Mutterherzens? – Krankenschwestern reichen den Patienten Becher mit Lourdeswasser. Wehmutsvoll blicken sie auf das bleiche, von einem dunklen Bart umrahmte und leidgezeichnete Gesicht des Benediktinerbruders. Seine Augen sind geschlossen. Hie und da öffnen sie sich, um hinaufzuschauen zur weißen Statue der Mutter Gottes. Er kann die Tränen nicht zurückhalten. Ist es wahr, daß er hier liegt an dem heiligen Ort?

Jetzt spürt er, wie eine sanfte Hand seine Tränen
trocknet, und er hört das Seufzen eines Kranken ne-
benan. Und dann tönt's wie heilige Musik an sein
Ohr:
«Du Hilfe der Christen – bitt für uns!
Du Heil der Kranken – bitt für uns!
Du Trösterin der Betrübten – bitt für uns!»
Daheim, tausend Kilometer von hier, beten seine
Obern und Brüder für ihren kranken Mitbruder das
alte, herrliche Gebet zur Ehre der Unbefleckten
Empfängnis Mariens. Es lautet:
«Du unversehrte und reine Jungfrau,
sei von uns gegrüßt,
die du des Himmels leuchtende Pforte bist!
O hehre Mutter Christi, voll Lieblichkeit,
nimm unseres Lobes und Preises Seligkeit.
Und wenn die Hände und Herzen flehn zu dir,
hilf, daß an Seele und Leib geheiligt seien wir!
So bitte den Heiland auf deinen Armen
für all die Sünder immerfort um Erbarmen!
O du Gute, du Himmelsfürstin, du Maria!
Du einzig von Sünd' und Fehle reine Seele!
Von deiner Empfängnis an, Jungfrau,
bist du unbefleckt.
Bitte für uns beim Vater, dessen Sohn
du geboren hast.
Lasset uns beten:
Gott, du hast deinem Sohn in der unbefleckten Jungfrau eine würdige Wohnstatt bereitet. Du hast sie,
im Hinblick auf den Erlösertod deines Sohnes, vor
jeglichem Makel bewahrt. Wir bitten dich, laß uns
durch ihre Fürsprache rein zu dir gelangen: der du
lebst und herrschest in alle Ewigkeit. Amen.»

Bruder Leo hat ihnen daheim zuhören dürfen in den ersten Tagen der Novene. Heute, am 29. April, ist es der achte Tag, daß sie so beten. Seine Sprache hat längst versagt, alles an ihm ist gelähmt. Das Urteil der Ärzte, «Multiple Sklerose im Endstadium», war für ihn zwar kein Begriff, aber daß sein Leben ins Endstadium getreten war, wußte er genau.

Von der Grotte wurde Wagen um Wagen weggefahren zu den Bädern. Auch den halbtoten Bruder Leo trug man auf der Bahre in die Piszine, um ihn einzutauchen ins kalte Wasser, jenes Wasser, das auf der Gottesmutter Geheiß vor hundert Jahren aus dem Felsen sprudelte und seither unzähligen Kranken Erleichterung im Leiden oder gar Heilung gebracht hat. Der Kranke war zu nichts mehr fähig. Wie von ferne hörte er das Glockengeläute, das die Pilger und auch ihn zur Sakramentsprozession rief. Krankenwärter und Schwestern beugten sich hin und wieder über die Kranken. Sie stellten alle Wagen in Reih und Glied nebeneinander, damit der Herr im heiligsten Sakrament segnend an ihnen vorbeigetragen werden konnte. Man könnte glauben, das Elend aller Welt ströme hier zusammen, auf dem großen Platz vor der Rosenkranz-Basilika. Blinde, Lahme, von Schmerzen Gequälte, unheilbar Kranke – alle warten hier tagtäglich, vom Frühling bis Spätherbst, auf das Vorübergehen des Herrn. Schlag halb fünf setzt sich die feierliche Prozession mit dem Allerheiligsten in Bewegung. Von der Grotte her wird der Herr in der Monstranz von einem Bischof über den großen Platz getragen. Tausende begleiten ihn mit Gesang und Gebeten. Wenn man dabeisein darf, hat man das Gefühl, als müßte die ganze Welt sich der

Prozession anschließen und als gäbe es keinen Menschen, der fernbleiben möchte vom Strom des Friedens, der Freude, des innigen Gebetes, der alle umfließt und ausgeht von der kleinen Hostie. Über die Esplanade, unter den blühenden Kastanienbäumen schreiten sie langsam daher, Mädchen, Männer, Bischöfe und Priester mit dem Allerheiligsten, Ärzte, Ordensschwestern und Frauen aller Sprachen und Nationen. Banner flattern im Wind – «Lauda Sion Salvatorem . . .».

Die Kranken warten und lauschen und flehen mit: «Herr, wenn du willst, kannst du mich gesund machen. Herr, mache, daß ich gehe! Herr, mache, daß ich sehe . . .» Einer unter ihnen hört alles wie von ferne, so schwach ist er, und doch erfüllt ihn tiefer Friede. Der Herr geht auch an ihm vorüber und schaut ihm auf den Grund des Herzens. «Meine Stunde ist noch nicht gekommen!» Langsam entfernt er sich, über die Nächsten das Kreuz zeichnend. Bruder Leo liegt still da. «Herr, dein Wille geschehe!» «Tantum ergo sacramentum», schallt's über den weiten Platz, und alle beugen das Knie, um den letzten Segen zu empfangen. Der Abend senkt sich nieder über die heiligen Stätten. Die Kranken werden zu Bett gebracht. Hilflos muß Bruder Leo sich bedienen lassen. Nur mit dem Blick kann er danken, aber dieser Blick spricht eine so innige Sprache, daß sie den Wärtern zu Herzen geht. Er möchte nun schlafen, aber Kopf und Rücken schmerzen zu sehr. Es wird dunkel. Auf einmal tönt's an sein Ohr: «Ave, ave, ave Maria . . .» und wiederholt sich und wallt auf und ab, als ob Himmel und Erde sich vereinigt hätten zum Gruß an Unsere Liebe Frau von Lour-

des. O wenn er doch mitsingen könnte! Aber seine
Stimme versagt. Das Herz allein grüßt die liebste
Mutter. Er sieht zwar vom Krankenlager aus die
tausend wandernden Lichtlein nicht, die in der dunk-
len Nacht wie Lavaströme aufglühen. Armer Bruder
Leo! Über ihm wacht eine Mutter und bittet für ihn.
«Jungfrau voller Güte, o Maria, hilf!» – Es wird still.
Die Scharen verlaufen sich. Bald ist es Mitternacht,
und es erwacht der junge Morgen des 30. April 1952.
Bruder Leo liegt geduldig da. Schlafen kann er nicht.

DER 30. APRIL 1952

Am Gave liegen noch die Schatten der Nacht, während hinter der uralten Burg der Horizont zu däm-
mern beginnt. Frühaufsteher beten an der Grotte.
Im Schein der Kerzen scheint die weiße Statue wie
lebendig. Bald ertönt ein Vogelgezwitscher, und es
beginnt ein Frohlocken aus allen Büschen und Bäu-
men. Das Efeu zu Füßen der Madonna schwankt
hin und her. So erlebten die Pilger den Frühlings-
morgen an der Grotte von Massabielle. Es wurde
das Schutzfest des heiligen Josef gefeiert. In Lourdes, wo Erde und Himmel, Irdisches und Überirdi-
sches so nahe beisammen sind, ja oft ganz ineinan-
der übergehen, ist jeder Tag ein Festtag. Das spürte
sogar Bruder Leo, der von Schmerzen geplagte, völlig erschöpfte Kranke, der während zweier Nächte
keine Minute geschlafen hatte, für den aber heute
der größte Tag seines Lebens anbrechen sollte. Denken konnte er zwar nicht viel, aber er fühlte die
Nähe der himmlischen Mutter und übergab sich

ihren Händen. Dann wurde er gehoben und getragen von den hilfsbereiten Krankenwärtern; alles ließ er mit sich geschehen. Essen konnte er schon längst nicht mehr, etwas Säfte und Weizenkeime wurden ihm eingegeben. Die Glocken riefen zum feierlichen Hochamt. Da strömten die Pilger von allen Seiten auf dem Rosenkranzplatz zusammen. Damals bestand die gewaltige unterirdische Pius-Basilika noch nicht. Alle großen Gottesdienste wurden im Freien abgehalten. Die vielen Kranken lagen auf Bahren oder saßen auf ihren typischen Wägelchen, einer neben dem andern in den vordersten Reihen.

Wer von den Rampen auf den Platz herunterschaut, meint einen bunten Riesenteppich zu sehen. Dieser Teppich ist gewoben aus Schmerz und Leid und kann nur unter der Gnadensonne Gottes leben. Über diesen leidvollen lebendigen Teppich neigt sich Unsere Liebe Frau von Lourdes voll Mitleid und mütterlichen Erbarmens. Alle sind ihre Kinder. So war es auch an diesem Tag. Als alle beisammen waren, ertönte Festgesang, ein Bischof hielt das Pontifikalamt. «Kyrie eleison ...», riefen die Scharen zum Himmel. «Ja, Herr, erbarme dich, – nur du kannst helfen in der Not. Durch die Fürbitte der heiligsten Jungfrau Maria und durch die väterliche Güte ihres Bräutigams laß uns Hilfe zuteil werden.» In vielen Sprachen flehten die Menschen, jeder in seiner Art und doch als die große Einheit der Kinder Gottes. Das war auch für Bruder Leo ein erstmaliges Erlebnis, zu spüren, wie die Kirche Gottes aus bunten, lebendigen Steinen erbaut ist, in Dimensionen, die den kleinen Verstand weit übersteigen. Und dann ging der Herr selber durch die Reihen. Priester tru-

gen ihn, verborgen in der Eucharistie, von einem
zum andern. Wie groß ist der Herr – und doch so
unscheinbar im heiligen Brot. Wie weit, wie unendlich weit und herrlich erscheint uns hier Gottes Reich,
so daß man unwillkürlich fleht: «Herr, mache mein
Herz bereit! Herr, dein Reich komme!»
Die erste Bitte wird vielen erfüllt, jenen, die sich der
Gnade öffnen, die leer sind von Überheblichkeit,
Selbstsucht und Dünkel, den Kleinen, den Einfachen,
den Hungernden. Es sind ihrer viele. Man betrachte
sie nur, die von Kummer und Sorgen gezeichneten
Gesichter, die von Arbeit durchfurchten Hände.
Vielleicht spüren sie hier zum erstenmal so ganz, daß
alles, was in ihrem Leben schwer war, sie reich macht
und daß alles von Gott zum Besten gefügt wird. Das
ist die große Gnade von Lourdes, wenn Maria, die
Braut des Heiligen Geistes, in ihrer Mutterliebe jedem ihrer Kinder zeigen darf, wie wunderbar Gottes Güte wirkt durch alle kleinen und großen Ge-
schehnisse des Alltags. Dieses *Bewußtwerden der Va-
tergüte Gottes,* der hier aus Barmherzigkeit seine
auserwählte Tochter zu den Menschen hernieders steig-
gen läßt, damit sie den Pulsschlag des Mutterherzens
fühlen, macht unser Inneres zu einem weiten, hoff-
nungsvollen Lourdes. Vielleicht hat auch Bruder Leo
das gespürt.
Die zweite Bitte um das Kommen des Gottesreiches
wird wohl erst dann in Erfüllung gehen, wenn Gott
spricht: «Siehe, ich mache alles neu.»
Für den todkranken Benediktiner hatte Gott schon
den Machtspruch bereit, für einen Augenblick, den
Er bestimmte. Im Vollzug der wunderbaren Liturgie,
auf dem frühlingsumdufteten weiten Platz schien es,

daß die Zeit stille stünde und die Ewigkeit begonnen habe. Gebet, Gesang, Glockengeläute. Ob es die Scharen aus allen Völkern und Ländern auch so erlebten? Als das Hochamt zu Ende war, verlief sich das Volk, da- und dorthin. Die lange Kette der Krankenwagen bewegte sich wieder zur Grotte. Auch Bruder Leo durfte vor der dunklen Höhle liegen, die Bernadette damals vom Himmelslicht erhellt sah. Wenn er die Augen öffnete, fiel sein Blick auf die Marmorstatue im kleinen Oval der Felsenöffnung. Er hörte singen und beten. Er konnte nur eines sagen: «Liebe, liebe Mutter Gottes». Hier war er daheim.

Die Sonne stand im Zenit, als die Kranken im Asyl verpflegt wurden. Mitleidige Blicke streiften den armen Gelähmten, der nicht einmal richtig essen konnte. Sicher ist manches «Ave Maria» für ihn gebetet worden, ohne daß er es ahnte. Er war todmüde und hätte so gerne geschlafen. Aber Kopf und Rücken und alle Glieder schmerzten ihn zu sehr. Zum Denken war er unfähig. So wurde er am Nachmittag wieder zur Grotte gefahren, dahin, wo er am liebsten war. Da lagen sie wieder nebeneinander zu Füßen Unserer Lieben Frau von Lourdes, die Lahmen und Blinden, die von Schmerzen Geplagten und Schwachen. Sie sangen mit, sie beteten mit, und als ein Priester die Kanzel neben der Grotte bestieg, horchten sie gespannt auf das, was er ihnen zu sagen hatte. Es war Alois Schuler, Vikar von der Maria-Lourdes-Kirche in Zürich-Seebach, der ihnen gütige Worte des Trostes schenken konnte, daß ihre Augen aufleuchteten und ihre Herzen froh und dankbar schlugen. Als er die Zuhörer bat, besonders auch für

80

kranke Priester und Ordensleute zu beten, horchte Leo auf. Also beteten sie jetzt auch für ihn, und er tat es für die andern. «Hier», so hat er später bekannt, als er wieder sprechen konnte, «hier kann man unmöglich nur an sich selber denken. Hier beten alle füreinander und miteinander.»

Es ging gegen vier Uhr. Bruder Leo wurde von den Krankenwärtern wieder zum Bad gefahren. Wer von ihnen ahnte, daß der Kranke bald, ehe der Abend sich niedersenken würde, eine wahre Auferstehung erleben könnte? Mitleid rührte ihr Herz, als sie den Gelähmten sorgfältig ins kalte Wasser tauchten. Er schrie laut auf, gestand aber später, als man darüber sprach, er habe nichts davon gewußt, er habe nur ein starkes Schütteln gespürt. Nach diesem zweiten Bad in der wunderbaren Quelle, in welcher so viele Gläubige schon Heilung oder Erleichterung von körperlichen Leiden und, je nach ihrer innern Einstellung, große Gnaden erlangt haben, schob man das Wägelchen mit dem Todkranken wieder auf den Rosenkranzplatz. Die Glocken riefen zur Sakramentsprozession. Zum zweitenmal durfte Bruder Leo diese miterleben. Heute aber fühlte er sich elender als gestern. Um halb fünf klang es über den weiten Platz: «Pangue lingua gloriosi . . .»

EINBRUCH EINER ANDEREN WELT

Langsam, feierlich setzen sich die Scharen in Bewegung, und die Engel mit ihnen. Maria, Unsere Liebe Frau von Lourdes, legt in dieser Stunde ihrem göttlichen Sohn ihre Wünsche und Bitten in besonderer

Weise ans Herz für jedes ihrer Kinder. Ihr innigster Wunsch ist es, daß der Herr im heiligsten Sakrament verherrlicht werde und daß die Macht der unscheinbaren Hostie, die vom Gold der Monstranz umschlossen ist, offenkundig werde, um die Herzen im Glauben zu bestärken. Ihr Mutterauge schaut auf Bruder Leo. «Herr, hilf ihm.» Und Christus antwortet nicht mehr wie gestern: «Meine Stunde ist noch nicht gekommen.» Er spricht ein Ja, und was Gott ausspricht, das geschieht sogleich. Dieses «Sogleich» wird bald eintreffen, wie ein Blitzschlag aus einer andern Welt. Die Prozession bewegt sich über die Esplanade. Und wieder ruft das Volk: «Herr, wenn du willst, kannst du mich gesund machen. Herr, mache, daß ich sehe. Herr, mache, daß ich gehe.» Wie ein fernes Rauschen tönt das Beten an Bruder Leos Ohren, so schwach ist er. «Jesus, Sohn Davids, erbarme dich meiner!» «Benedictus qui venit in nomine Domini», so singen die Scharen, denn der Herr ist wahrhaft da, mitten unter ihnen, ob es ihnen bewußt ist oder nicht, ob ihr Glaube stark oder schwach ist. Der Herr ist da, wahrhaft, wirklich, wesenhaft mit Leib und Seele, Menschheit und Gottheit, dem menschlichen Auge verborgen, im heiligsten Sakrament. In der Monstranz getragen, nähert er sich Bruder Leo. Er ist nur eines Gedankens fähig: «Herr, dein Wille geschehe. Mutter Gottes, hilf uns.» Sie singen, viele mit ausgespannten Armen: «Parce Domine... Schone, o Herr, schone deines Volkes und zürne uns nicht auf ewig.» In diesem Augenblick wird die Monstranz mit der heiligen Hostie zum Segen über Bruder Leo erhoben. Jetzt spricht der Herr: «Ich will, sei gesund.» Dieses

«Jetzt» ist unbegreiflich. Ein Schlag vom Kopf bis zum Fuß – das Ende! Nein! Was ist geschehen? Rechts und links trauen die Menschen ihren Augen nicht. Kardinal Gerlier, Erzbischof von Lyon, der den Segen spendet, ist so erschrocken, daß er beinahe die Monstranz fallen läßt. Da liegt der Benediktiner plötzlich auf den Knien vor dem Allerheiligsten. Wie von einem Blitzschlag getroffen, hat es ihn hinausgeworfen aus dem Krankenwagen. Er weiß nicht, wie es geschehen ist, er kniet da, ohne Schmerzen, mit neuer Lebenskraft in allen Gliedern. Menschliche Worte können dieses Ereignis nicht beschreiben, weil es jeden menschlichen Verstand übersteigt. Nur die Wirkung dieses Einbruchs der andern Welt läßt sich erzählen. Da kniet er, den strahlenden Blick zur Monstranz erhoben. Tränen rinnen über seine Wangen. «Hochpreiset meine Seele den Herrn», jubelt er, nur durch einen schwachen Schleier vom Schauen getrennt. Dann betet er: «In Demut bet' ich dich, verborgene Gottheit, an, die du den Schleier hier des Brotes umgetan.» Und mit ihm dankt die Mutter Jesu ihrem göttlichen Sohne. Was muß es diesem von Liebe glühenden Mutterherzen für eine Freude bedeuten, wenn eines ihrer Kinder von Jesus in besonderer Weise berührt wird! Sie weiß, was Leiden heißt. Sie hat ihren einzigen Sohn am Kreuz verbluten gesehen und konnte Ihm nicht helfen. Jetzt erhört er dafür ihre Bitten. – Langsam entfernt sich Kardinal Gerlier mit dem Allerheiligsten, um die nächsten zu segnen. Bruder Leo bleibt auf dem Boden knien und schaut ihm nach. Er achtet die Menschen nicht, aber die Menschen sehen ihn. Ein Räuspern, ein Staunen. Krankenschwestern be-

obachten ihn! Ein Arzt, der die Prozession begleitet, dreht sich immer wieder nach ihm um. Wir werden sein Zeugnis noch vernehmen. Nach ungefähr zehn Minuten wird das «Tantum ergo» angestimmt. Noch einmal erhebt der Erzbischof die Monstranz zum Segen fürs ganze Volk. Dann bleibt der Herr noch da und hört auf den Lobpreis aller Herzen, besonders des glücklichsten unter allen, die da rufen:
«Gott sei gepriesen!
Gepriesen sei sein heiliger Name!
Gepriesen sei Jesus Christus, wahrer Gott und wahrer Mensch!

Zu den Bildern:

Seite 85: «Denn siehe, von nun an werden mich seligpreisen alle Geschlechter», jubelte Maria im Magnifikat (Lukas 1, 48). In Lourdes sind alle Völker und Zungen vertreten. Hier bringt eine Gruppe Zigeuner der Madonna ihr Ständchen dar.
Seite 86: Arme und Reiche, hoch und niedrig, Gesunde und Kranke, alle sind Gäste am Tisch des Herrn und empfangen Christus in der heiligen Eucharistie.
Seite 87: Hier empfängt der Ministerpräsident von Irland, De Valera, den Leib des Herrn aus der Hand von Msgr. Donze, Bischof von Lourdes.
Seite 88: Alle Nationen huldigen der «Frau aller Völker». Hier eine Gruppe Indianer in der Grotte.
Seite 89: Oben: Prälat Emil Gschwend bei der Predigt. Unten: Bischof Vonderach mit Monstranz. Links vom Bischof Pfarrer Dr. Guido Thürlemann von Berneck.
Seite 90: Oben: Erteilung des Krankensegens mit der Monstranz. Rechts vom Bischof Pfarrer Joseph Freuler von Tuggen (†). Unten: Beim Gebet.
Seite 91: Die Sakramentsprozession bildet den Höhepunkt der Lourdes-Wallfahrt. Durch Maria zu Jesus.
Seite 92: Immer wieder heißt es in der Bibel: Sie brachten ihre Kranken zu Jesus. Das gilt auch für Lourdes.

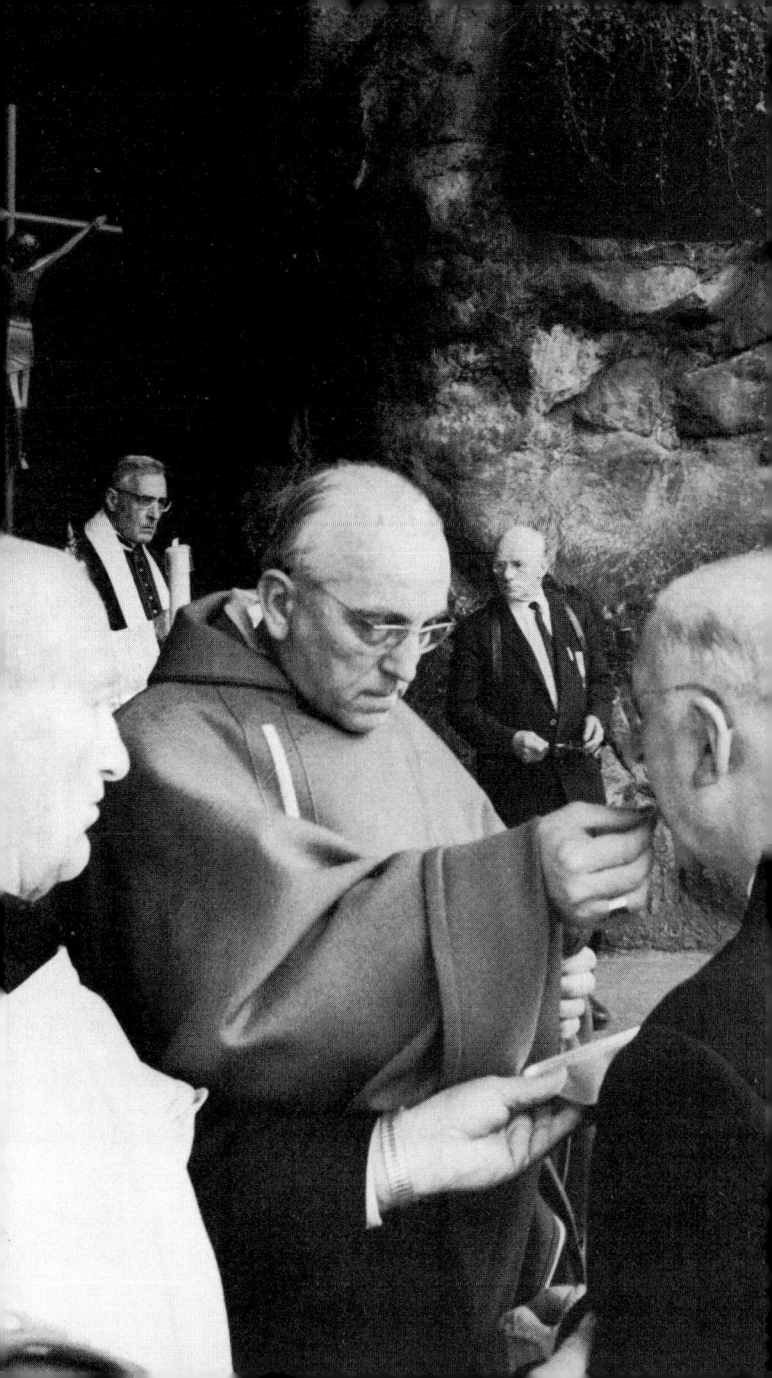

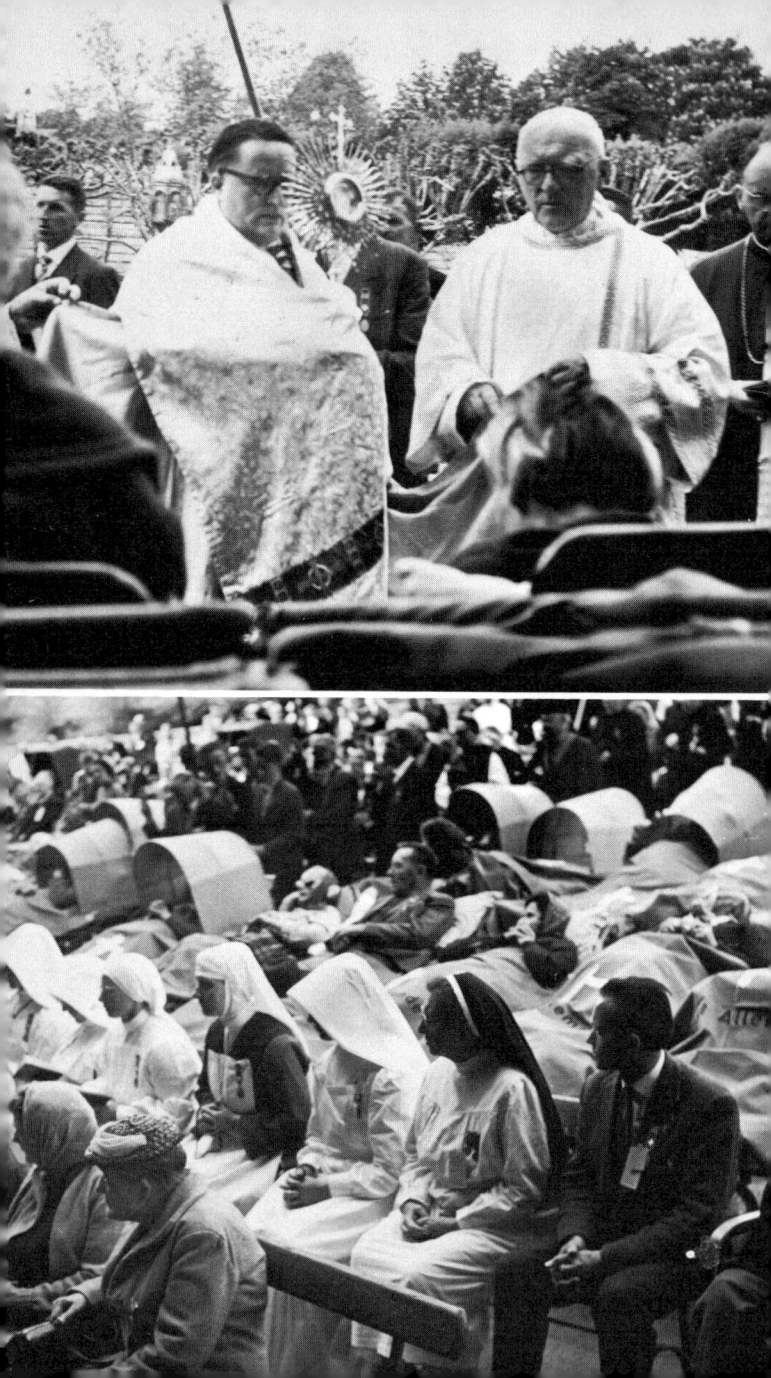

Gepriesen sei der Name Jesu!

Gepriesen sei sein heiligstes Herz!

Gepriesen sei Jesus im allerheiligsten Sakrament des Altares!

Gepriesen sei die erhabene Gottesmutter, die heiligste Jungfrau Maria!

Gepriesen sei ihre heilige und unbefleckte Empfängnis!

Gepriesen sei der Name der Jungfrau und Mutter Maria!

Gepriesen sei der heilige Josef, ihr keuscher Bräutigam!

Gepriesen sei Gott in seinen Engeln und Heiligen!»

Kardinal Gerlier trägt das heilige Sakrament durch das geöffnete Portal in die Rosenkranz-Basilika. In wunderbarer Disziplin hat sich alles abgespielt. Bruder Leo erhebt sich vom Boden, ohne Hilfe, ohne Stütze. Ist es wahr, was da geschah? Jetzt ist es aus mit der Ruhe. Viele Leute umringen ihn, bestaunen ihn, berühren ihn. Er wird mit Fragen bestürmt. Bevor er sich recht fassen kann, steht der Pilgerarzt, Dr. med. H. Jeger von Chur, neben ihm und befiehlt ihm mitzukommen. An seiner Seite schreitet Bruder Leo durch die Menge, ganz frei, ohne jede Schwäche, er, der vor einer Stunde noch kein Glied regen konnte. Noch ganz benommen von dem Unfaßbaren, kehrt er ins Asyl zurück, den Wagen schickt man fröhlich ohne Insassen an seinen Ort. Der Arzt betritt mit dem Geheilten einen Krankensaal, und sogleich beginnt ein erster Untersuch durch Fräulein Dr. med. Schönenberger. Es ist abends gegen halb sechs. Draußen raunt es einer dem andern zu: *«Einer von uns wurde geheilt.»* Jeder möchte den Glücklichen sehen. Man sucht den Saal auf. Aber die Türe muß endlich wegen des Andranges so vieler verschlossen werden.

Trotzdem man in Lourdes von der Pilgerleitung streng angehalten wird, nichts Sensationelles herumzuberichten, gab es an diesem Abend kaum einen Schweizer, der nicht die glückliche Kunde vernahm: *«Einer von uns wurde geheilt.»* Wer hätte schweigen können, wenn das Herz von Freude übervoll war? Und als wieder die Sterne aufgingen und eine Kerze an der andern sich entzündete, als wieder das «Lourdes-Ave» ertönte, war es da nicht, als ob die Schweizer Pilger viel lauter mitsängen an diesem Abend des 30. April 1952! Und die liebe Mutter Gottes mußte wohl lächeln, wenn sie die Neugierigen umsonst Ausschau halten sah nach dem Benediktinerbruder, dem heute das Leben neu geschenkt worden war.

EINE SELIGE NACHT

Und die liebe Mutter Gottes lächelte dem glücklichen Bruder Leo ins Herz hinein, als alles still geworden war und er in seinem Spitalbett lag. Schlafen konnte er wieder nicht, aber diesmal nicht der Schmerzen wegen, diesmal war die lauterste Freude der Grund dazu.

«Warum gerade ich, meine liebste Mutter Gottes? Aber ich will nicht fragen, ich will nur danken, danken, danken! Hochpreist meine Seele den Herrn, und mein Geist frohlocket in Gott, meinem Heiland!» So stammelte der Geheilte. Am liebsten wäre

er aufgestanden und durch die Nacht zur kerzen-
beleuchteten Grotte gelaufen, um dort zu jubeln und
immer wieder zu sagen: «Mutter, ich danke dir. Ich
will dir ewig danken!» Aber er durfte das Bett und
den Saal nicht vor dem Morgen verlassen. Jetzt fiel
ihm der Gehorsam nicht leicht. Er horchte auf den
Stundenschlag, der ihm heute mit dem Glockenspiel
des «Lourdes-Ave» wie ein Gruß vom Himmel vor-
kam. Wie schwer war es ihm in der letzten Nacht
gewesen, als er schmerzgepeinigt dieselben milden
Töne gehört hatte. Sind Leid und Glück so nahe beisammen? Ist der Schritt von der Finsternis ins hell-
ste Licht so klein, wenn der Himmel außergewöhn-
lich eingreift ins Menschenleben? Und ich durfte es
erleben, ich, Bruder Leo. Warum gerade ich? Da lagen doch unschuldige, unheilbare kranke Kinder neben mir. Väter und Mütter flehten für sie. Und
nicht sie, sondern ich bin geheilt worden. Und der
Heiland ging vorüber an todgeweihten Männern und
Frauen, an Priestern, die noch so vielen hätten dienen können. Sie wurden nicht geheilt – ich konnte
aufstehen. «Ich bete an deine große Güte, deine
Weisheit, deine Allmacht, Herr. Mein Leben soll ein
immerwährendes Zeugnis deiner Liebe und deiner
wunderbaren Macht sein. Ich weiß nicht, warum du
gerade mich gerufen hast, kein Mensch weiß es – nur
der gütigste Vater im Himmel weiß es. Ich weiß nur,
daß ich dir ewig danken will. O Maria, Unsere Liebe
Frau von Lourdes, dir danke ich, wie nur ein Kind
danken kann. Ich habe dich immer geliebt als meine
himmlische Mutter, du weißt es. Aber von jetzt an
weihe ich mich dir in ganz besonderer Weise. Du
hast den Heiland für mich gebeten, daß Er mich hei-

le, und Er hat auf dich gehört. Diese Glieder, die ganz lahm waren, sollen ganz und gar dir dienen. Diese Zunge, die keine Laute mehr hervorbrachte, soll dich loben, meine liebste Mutter. Mit meinem Engel preise ich dich! Mit meiner lieben, längst verstorbenen Mutter preise ich dich! Mit dem heiligen Josef preise ich dich! Mit dem heiligen Leo und Bernhard preise ich dich! Mit dem heiligen Vater Benedikt preise ich dich! Mit der heiligen Bernadette preise ich dich! Mit allen, die du hier schon geheilt hast, preise ich dich. Mit allen, deren Seelen hier Wunder der Gnade erfahren haben, preise ich dich! Mit allen Engeln und Heiligen preise ich dich!»

Er bewegte hin und wieder seine Glieder, um sich zu vergewissern, daß neues Leben in ihnen pulsierte. Das weiß er jetzt, daß diese Hände und Füße und der ganze Körper Zeugen sind für die Gegenwart Christi im heiligsten Sakrament, daß der Herr wie einst, als er auf Erden wandelte, ihn aufgerufen hat zu neuem Leben. Und das weiß er ebenso sicher, daß Maria, Unsere Liebe Frau von Lourdes, die große Fürbitterin und Gnadenvermittlerin ist. *Er will und muß Zeugnis ablegen für die Machttat Christi und die Fürbittkraft Marias.* Das ist von nun an seine große Lebensaufgabe, wo er auch sei, was er auch für Pflichten im Kloster oder in der Welt zu erfüllen habe. Ihm schwindelt beinahe bei diesem Gedanken, und zugleich erfüllt ihn selige Freude.

«Hilf mir, Mutter, daß ich keinen Augenblick diese Aufgabe vergesse, daß ich ihr treu bleibe bis zu meinem Tode!» In diesen seligen Stunden der Nacht kommt ihm das als eine Unmöglichkeit vor. Aber, junger Benediktiner, du wirst wieder zurückkehren

in den menschlichen, oft allzumenschlichen Alltag!
Bis zum Himmel ist der Weg noch weit.
Und wieder sang das Glockenspiel eine Stunde. Selige Nacht, die einem seligen Morgen entgegenging!
Bruder Leos Herz konnte nicht schweigen. Seine
Zwiesprache mit Jesus und Maria hörte nicht auf.
Er betete noch, als hinter der alten Burg der Himmel
silbern erglänzte und langsam der erste Maimorgen
erwachte.
Im Schlafsaal begann es sich zu regen. Ein Krankenbruder trat an Leos Bett heran. «Darf ich jetzt aufstehen?» fragte der Glückliche. Und schon stand er
froh lächelnd auf beiden Füßen, kleidete sich an,
ohne jede Hilfe, und eilte in die Kapelle des Asyls.
Vom Turm schlug es fünf Uhr, als er mit dem Priester zur ersten heiligen Messe an den Altar trat und
ministrierte. «Ich bin gesund. – Ist es wahr? Ist es
kein Traum?» mußte er sich immer wieder von
neuem fragen. Zum erstenmal seit langer Zeit konnte er wieder kniend die heilige Kommunion empfangen. Nach dieser seligen Stunde verrichtete er sein
benediktinisches Breviergebet.

DAS NEUE LEBEN

Bruder Leo blieb der Gefangene im Asyl, an diesem herrlichen Maimorgen, wo doch die Menschen
hinströmten zur Grotte, um Maria den ersten Gruß
zu bringen. Er ministrierte mehreren Priestern, ohne
zu ermüden. «Wie neugeboren», sagte er, «bin ich
mir vorgekommen.» Keine Schmerzen nach so vie-

len Jahren, keine Lähmung nach langer Zeit, keine Ermüdung mehr!

Im Asyl begegnete er frohen Gesichtern. Und das froheste von allen zeigte der Pilgerführer, Pfarrer Johann Büchel († 30. Juli 1958), der hin und wieder auftauchte. Es schien, als habe das große, außergewöhnliche Ereignis die Herzen neu belebt, die Gemüter getröstet mit einer unerschütterlichen Gewißheit, daß über allem Menschenleid Gottes Vorsehung walte. Durch den Einbruch der andern Welt hatte sich mehr Licht in die Seelen ergossen als durch viele Predigten. Freude ist ein reines Himmelsgeschenk, von der unfaßbaren, außergewöhnlichen, das Irdische übersteigenden Freude angefangen, bis hinunter zur ganz menschlichen, alltäglichen. An diesem Morgen wurden alle Stufen der Freude durchlebt. Und als der Kaffeeduft durch die Räume strömte, lachte der geheilte Bruder Leo sein köstliches Lachen und freute sich zum erstenmal seit langer Zeit wieder auf ein gutes Frühstück. «Passen Sie auf mit Essen», hatte der Arzt, Dr. H. Jeger, gewarnt, «Ihr Körper muß sich zuerst wieder daran gewöhnen.»

Bruder Leo aber hatte Hunger und sagte sich: «Jetzt wird gegessen. Wenn mich die Mutter Gottes geheilt hat, dann hat sie nichts Halbes gemacht.» Und er, der Monate lang nichts Festes mehr zu sich genommen, aß nun Brot, Käse, Butter, Konfitüre. Es dünkte ihn, er hätte seiner Lebtag nie so ein gutes Frühstück bekommen. «Aber jetzt wär's doch an der Zeit, daß ich zur Grotte dürfte, um dort zu danken», dachte er, als er sich vom Tisch erhob. Daraus wurde aber wieder nichts. Schon stand Johann Burger neben ihm.

«Bruder Leo, ich begleite Sie ins Konstatierungsbüro», sprach er und nahm ihn mit sich. Die Be-
gleitung war notwendig, wer weiß, ob Leo unver-
sehrt über den großen Platz gekommen wäre. Kaum
wurde die Menge seiner ansichtig, bestürmte sie ihn;
viele wollten ihm die Hand geben oder seine Unterschrift bekommen. Gefühlsselige Italiener und Franzosen berührten sogar die Rosenkränze an ihm.
Nicht einmal sein benediktinisches Skapulier blieb
unangetastet; man wollte mehrmals davon abschnei-
den. «Auf einmal hatte ich wieder einen Kuß auf
der Wange», erzählt Bruder Leo. «Immer wieder
sollte ich mein Autogramm geben, und bei jeder Ge-
legenheit wurde ich fotografiert.» Er allein hätte
sich nicht zu wehren vermocht. Er konnte nicht begreifen, daß es Leute gibt, die sich im Enthusiasmus
dermaßen vergessen. Auf jeden Fall entsprach das
nicht nüchterner Schweizerart. Im Schutze des Kran-
kenwärters erreichte er um acht Uhr das Konstatierungsbüro. Hier kam's ihm vor, als würde er vor
Gericht geführt. Vier Stunden, bis zum Mittag,
dauerte das Verhör. Als Zeugen waren Christianus
Caminada, der Bischof von Chur, und Kanonikus
Jean Capaul von Chur anwesend. Das Verhör wurde von einer ganzen Ärztekommission durchgeführt,
bestehend aus Schweizern, Deutschen, Franzosen,
Italienern. Den Vorsitz führte der Chefarzt des Konstatierungsbüros, Dr. Leurant. Man stelle sich die
kritischen Wissenschaftler vor, die sich nur mit Tatsachen befassen. Hin und her gingen Fragen und
Antworten, Thesen und Antithesen. Immer wieder
kamen die Ärzte auf die Krankheitsgeschichte zurück. Natürlich verstand Leo die wissenschaftlichen

Gespräche nicht, aber er merkte, daß man, je länger die Verhandlung dauerte, desto einiger wurde und gegen Mittag ganz allgemein der Auffassung war, daß hier ein offensichtliches Wunder vorliege. Vier Stunden angestrengter Nervenbeanspruchung belasten jeden Menschen. Bruder Leo, der todkrank gewesen war, der drei Nächte kein Auge zugetan hatte, hielt allem stand. Er war zwar froh, als die Angelusglocke läutete und die Sitzung aufgehoben wurde. Wieder begleitete ihn Johann Burger über den Rosenkranzplatz zum Asyl. Diesmal ging es leichter, weil die Pilger sich schon in den Hotels aufhielten. Das Krankenpflegepersonal wartete mit Spannung und Freude auf den Gefeierten. Und als er endlich mit ihnen zu Tische saß und sie sich an seinem Appetit erfreuten, herrschte eine so frohe, glückliche Stimmung wie beim schönsten Familienfest. Nach dem Mittagessen durfte sich Bruder Leo für eine Stunde niederlegen. Nachmittags um zwei Uhr mußte er sich nochmals den Ärzten stellen; die Untersuchung und die Verhandlung dauerten bis vier Uhr.

Endlich kam die Stunde, nach der sich Leo längst gesehnt hatte. Als die Pilger zusammenströmten und die Kranken wieder auf den Rosenkranzplatz gefahren wurden, riefen die Glocken zur Sakramentsprozession. Gestern lag er dort an jenem Platze, auf der Seite des Gave-Flusses, wo jetzt ein anderer im Wagen lag. Jetzt schritt er, umgeben von den Wärtern, hinunter zur Grotte, von wo sich die Prozession tagtäglich in Bewegung setzt. Der Grotte – vom Licht der seligsten Jungfrau erfüllt – galt Leos erster Dankesblick. Standarten, Fahnen und Baldachin

warteten hier auf Christus, den so unscheinbaren
König. Bischöfe, Prälaten, Priester, Ordensleute und
viel Volk standen bereit und harrten des Glocken-
schlages, bei dem das «Pange lingua» angestimmt
wurde. Und er, Bruder Leo, durfte heute hinter dem
Allerheiligsten herschreiten, ihm, den der Himmel
ausgezeichnet hatte unter Tausenden, wurde auch
von den Menschen der Ehrenplatz angewiesen. Und
er schritt daher mit glücklich strahlendem Gesicht.
Unter Gebet und Gesang bewegte sich die Prozession
über die gewohnten Wege unter den hohen blühenden Kastanienbäumen vorbei am Asyl, langsam,
feierlich wie immer. Viel Volk stand still und gesammelt in der Nähe und auf den Rampen. Man-
cher erkannte Bruder Leo und sagte zu den Neben-
stehenden: «Seht dort den Geheilten!» Und sie schauten und staunten und wandten kein Auge mehr ab
von dem bleichen, vom schwarzen Bart umrahmten
Gesicht des jugendlichen Benediktiners. Er selber
achtete ihrer nicht. Sein Blick suchte beständig die
Monstranz, die vom Bischof getragen wurde. Die
kleine Hostie, in der jener verborgen war, der alle
Macht in Händen hält und der ihn gestern aus dem
Krankenwagen in die Knie geworfen hatte zu einem
neuen Leben. Und war es nicht, als schreite neben
ihm glückselig, aber unsichtbar sein Freund Franz
Kottmann daher, den der Herr am gleichen Tag, als
er, Bruder Leo, geheilt wurde, von der Pilgerschaft
heimgeholt hatte zum ewigen Leben? Der aus Laufen
im Berner Jura stammende Franz Kottmann gehörte
zum gleichen Pilgerzug wie Bruder Leo; er starb am
30. April 1952 infolge Kinderlähmung gegen Mittag
in Lourdes. Beide waren Auserwählte des Himmels,

der eine als *Zeichen Gottes* unter den Menschen weiterlebend, der andere bereits in jenem Zustand, von dem der Völkerapostel Paulus sagt: «Kein Auge hat es gesehen, kein Ohr hat es gehört, was Gott denen bereitet hat, die ihn lieben.» Dem achtzehnjährigen Franz Kottmann waren nun die Augen aufgetan für die großen Geheimnisse Gottes, und er konnte im unaufhörlichen «Jetzt» erkennen, wie wunderbar die Liebe über jedem Leben waltet und jeden zur ewigen Freude führen will, jeden, der da mitgeht. Bruder Leo aber wandelte daher wie ein vom Tode Auferstandener. Lächelte ihnen nicht die heiligste Jungfrau zu, dem einen sichtbar, dem andern nur spürbar? Welch ein Wunder Gottes ist doch der Mensch und was für eine Kostbarkeit jede einzelne Seele! Vielleicht bekam heute manch einer von den Tausenden, die da beteten und sangen, eine leise Ahnung davon, daß das Leben etwas ganz Großes ist, wenn er im Dunkel der Zeit täglich seine Arbeit verrichtet bis zum Lebensende und Schritt um Schritt zurücklegt, ohne weite Sicht, vorwärtstastend, bis er am Tor ankommt, das ihm von Gottes Liebe aufgetan wird für die ewige Freude. Ist nicht jeder Prozessionsweg, der je von Menschen begangen ward, ein Symbol für das Leben, ein Symbol der Sehnsucht nach unvergänglichem Glück? Alle Völker, alle Generationen haben ihre Prozessionen. Hat Unsere Liebe Frau von Lourdes diesem geheimen Sehnen und Wünschen der Menschen nicht Rechnung getragen, als sie Bernadette den Auftrag gab: «Sage den Priestern, man soll in Prozessionen hierherkommen»?

Hat sie vielleicht in der Erinnerung an ihr Leben auf

Erden jene Prozession geschaut, die sie damals so
sehr beglückt hat, damals, als eine ähnliche Höhle
wie die Grotte hier ihre Wohnung war? Damals, als
sie, die junge Mutter, umgeben von der Liebe des
heiligen Josef, ihr Kindlein auf dem Arme trug und
auf einmal vornehme fremde Männer in ihre enge
Behausung eintraten und vor dem Kinde niederknie-
ten, um ihm zu huldigen? Ihr Sohn, so klein und
hilflos, hatte sich damals als der Herr der ganzen
Menschheit geoffenbart und durch seinen Heiligen
Geist die Magier aus fernen Ländern hergerufen. Sie
waren dem Stern gefolgt, sie wurden hochbeglückt.
Im «ewigen Heute» darf Maria, die Frau aller Völker, im Namen Jesu den Wunsch aussprechen: «Sie
sollen in Prozessionen hierherkommen.» Die Mutter
Gottes, die Mutter aller Menschen, will ihre Kinder
hinausführen aus der Enge ihres Ich in die Weite der
Schönheit Gottes. Was entspricht dem Menschen-
herzen besser als Singen, Beten, feierliches Wandeln
auf Sonnenpfaden – ohne Hast, tief einatmend den
Duft des Frühlings? Und das alles bedeutet für Bruder Leo neues Leben, ein viel intensiveres, tiefer er-
kanntes Leben als für die andern. «Herr, wir loben
dich, Herr, wir preisen dich, Herr, wir beten dich
an.» – Diesen ersten Mai hat wohl keiner vergessen,
der bei der Sakramentsprozession dabei war und den
Geheilten hinter dem Allerheiligsten herschreiten
sah.
Endlich kam der Augenblick, den Leo am meisten
ersehnte. Er wurde zur Grotte begleitet, durfte nie-
derknien auf den heiligen Boden, zum erstenmal,
seit er dort in Schmerz und Elend von der Bahre
aufgeschaut hatte zu «Unserer Lieben Frau von

Lourdes». Was hat er ihr alles gesagt? Er kann diese Frage nicht beantworten, denn das tiefste Erleben läßt sich nicht in Worte fassen, oder nur bildhaft, weil es das Denken übersteigt und so einfach ist. Nicht die Statue nahm ihn gefangen, hier, das spürte er, war SIE selber ihm so nahe, so ganz nahe, wie eine Mutter dem Kind. Und sie hörte auf sein Dankes-Stammeln und lächelte ihm zu. Was sie von ihm verlangte, sprach sie nicht aus, aber sein tiefstes Wesen gab trotzdem die Antwort: «Da bin ich, dein Knecht will ich sein und tun, was du willst, jeden Tag meines Lebens.» Er merkte nicht, wer alles in seiner Nähe war. Menschen mit weißer und schwarzer Haut, Alte und Junge; er achtete nicht darauf, daß die Sonne langsam dem Horizont nahte. Er wäre wohl dageblieben bis in die Nacht hinein, wenn nicht auf einmal die Wärter alle Beter von der Grotte zurückgedrängt hätten, um einem neuen Pilgerzug Platz zu schaffen. Da schritten sie heran und sangen aus vollen Kehlen: «Ave, ave, ave Maria...» Bruder Leo wurde am Ärmel gezupft und von seinem Betreuer Johann Burger zurückgebracht.

Der geheilte Körper forderte sein Recht. Mit großem Appetit nahm er das Abendessen ein, und er hat dabei fröhlich gelacht und geplaudert. Als die Nacht hereinbrach, trat Stille ein in den Sälen. Zum erstenmal seit langem schlief Leo, ohne je aufzuwachen, bis in den Morgen hinein.

Zweiter Mai! Er wachte auf, besann sich, schaute sich um. «Ist es wahr, daß ich gesund bin?» Wie ein Traum kam es ihm vor, als er ohne jede Müdigkeit, frisch und munter, sich erheben konnte. «Ich kam mir vor wie neugeboren», sagt er heute noch. Ein unaussprechliches Glücksgefühl erfüllte ihn. Wenn ein Mensch schon nach einigen Tagen des Krankseins ganz glücklich wird beim Empfinden einer Genesung, kann man sich ungefähr eine Vorstellung machen, wie es sein muß, wenn einer von Todeskrankheit plötzlich zu neuem Leben erstanden ist. Ist dieses Erleben vielleicht ein schwaches Bild von dem ungeheuren Erlebnis, wenn der Mensch im Tode sein irdisches Leben abgeschlossen hat und dann erwacht für ein unendlich glückliches Leben, für das er wirklich «neu geboren» wird? Ist Bruder Leo nicht auch dafür zum Zeichen Gottes geworden, zu einer lebendigen Predigt der Hoffnung?

Er kniete wieder als Ministrant am Altare. Auf den Plätzen wurde es lebendig, der Pilgertag von Lourdes war erwacht, dieser einzigartige Tag, wie er sich nur hier abspielt. Bruder Leo mußte sich nochmals untersuchen lassen im Konstatierungsbüro. Und während zweier Stunden von neuem Rede und Antwort stehen vor einer Ärztekommission.

Heute erwartete ihn ein neues Erlebnis. Leo, der «Neugeborene», durfte den Kreuzweg über den sogenannten «Kalvarienberg» zurücklegen. Wer ihn schon gemacht hat, weiß, daß dies eine Anstrengung bedeutet. Steil aufwärts auf steinigem Pfad steigt man bis zur Höhe, wo die zwölfte Station ist, um nachher wieder über einen noch steileren Abhang hinunter zu kommen zur Felsenspalte, wo Jesus «ins Grab gelegt» wird. Staunend stand er vor den aus Bronze gegossenen Figuren, die aussahen, als ob sie lebten. Meint man nicht, Pilatus müsse den Mund auftun zur Frage: «Also bist du doch ein König?» Glaubt man nicht, die römischen Soldaten mit ihren

ernsten Gesichtern würden atmen? Sieht man nicht
Maria Magdalena weinen? Möchte man nicht hin-
eilen, um die heiligste Mutter zu trösten? Und Christus, der König mit der Dornenkrone! Immer wieder
mußte Bruder Leo diese hoheitsvolle Gestalt be-
trachten. Und tief im Innern hörte er die Worte:
«Wer mir nachfolgen will, nehme sein Kreuz auf
sich.» Er hat sein Kreuz getragen, aber der Herr war
so gut und hat ihm das Kreuz der schweren Krankheit auf wunderbare Weise abgenommen. Er wird es
uns allen einst abnehmen, wenn wir vor Ihm stehen.
Bis dahin wird Er es auf unserm Weg tragen helfen,
damit wir nicht erdrückt werden, obwohl wir als
Christen stets Kreuzträger sind, wie es auch der Geheilte trotz des Wunders geblieben ist. Bruder Leo
mußte nur immer danken auf dem ganzen Kreuzweg. Ohne wesentliche Ermüdung hatte er die an-
derthalb Kilometer zurückgelegt.
Um beten zu können, mußte er sich manchmal ver-
stecken. Alle wollten immer wieder den «Bartli» sehen, der sie so glücklich anlachte. Die größte Freude
aber erlebten die Kranken, wenn er zu ihnen hin-
trat, um mit ihnen zu beten, ihnen kleine Dienste zu
erweisen, oder auch nur, um zu plaudern. Auch er
bekennt: «Es war für mich die größte Freude, bei
den lieben Kranken zu sein, ihnen zu helfen und mit
ihnen zu beten.»

FROHE HEIMKEHR

Der Abschied von Lourdes ist nicht wie eine andere
Trennung. Man spürt es, daß die Mutter Gottes auf

eine geheimnisvolle Weise mitkommt, oder man fühlt ganz deutlich im Innern die Gewißheit: «Ich kehre wieder zurück an den heiligen Ort.»

Für Bruder Leo mischte sich eine außergewöhnliche Freude in das leise Trennungsweh, das ihn erfüllte, als er zum letztenmal aufschaute zu Unserer Lieben Frau von Lourdes und sich wieder umwandte, um sie nochmals zu grüßen. Er durfte geheilt zu seinen Brüdern heimkehren, als lebendiges Wunder.

Es war von der Pilgerleitung untersagt worden, von Lourdes aus das Ereignis ins Benediktinum zu berichten. Die große Überraschung sollte er selber leibhaftig bringen.

Während der Geheilte, im Coupé des Pilgerkomitees behütet und verborgen, reiste, fuhr der erste Zug schon in Freiburg ein. Morgendämmerung und Stille in den Straßen. Vom Benediktinum her schritt der Prior, P. Notker, ohne Hast, gesammelt, in sich versunken dem Bahnhof zu. Er hatte den Pilgern den Weg zu weisen in die Kirche St. Michael und hernach in die Gaststätten zum Frühstück. Von einem Turm schlug es fünf Uhr. Jetzt rollte der lange Zug daher. Aus den Wagen wurde gewinkt und gegrüßt. Pfarrer Emil Gschwend stieg aus, um den Prior zu begrüßen und seine Anordnungen zu treffen. In Lourdes hatte ihm der Pilgerdirektor Johann Büchel strenge Weisung gegeben, von Bruder Leos Heilung nichts zu sagen. Aber wessen Herz, wenn es übervoll ist, läuft nicht über? Das erste Wort, das dem frohen Pfarrer über die Lippen kam, war: «Du, weißt es schon? Der Leo ist geheilt!»

Aber P. Notker glaubte es nicht. Auf jeden Fall aber ließ ihn der Gedanke nicht mehr los. Auf dem Rückweg ins Benediktinum sagte er sich, das wäre ein schlechter Spaß seines Kollegen. Unterdessen fuhr der zweite Zug mit dem Komitee gegen Freiburg. Die Sonne überstrahlte die schöne Heimat, und eine Freudensonne verbarg sich im Coupé der Pilgerleitung, der geheilte Bruder Leo. «Bleib drin, steig nicht aus!» befahl Dr. H. Jeger. Eine Menge Leute standen auf dem Perron. Unter ihnen befanden sich der Prior, P. Notker Mannhart, der Subprior, Pater Valerian Herweg, und Bruder Otmar Kuster, um ihren Kranken abzuholen. Sie schauten hin und her, vorwärts und rückwärts, kein Leo war zu sehen. Pfarrer Büchels Augen zwinkerten sonderbar, er zwang sich aber, eine ernste Miene aufzusetzen, als P. Notker ihn fragte: «Wo ist Bruder Leo?» – «Kommt und holt ihn ab.» Er schritt voraus ins Coupé und öffnete die Türe. «Da ist er!» Mit strahlenden Augen lachte Bruder Leo seine Obern an,

---

Zu den Bildern:

Seite 109: Abends lädt die hellerleuchtete Rosenkranz-Basilika zur Lichterprozession ein.

Seite 110: Ergreifend sind die feierlichen Gottesdienste in der unterirdischen Pius-X.-Basilika, die zwanzigtausend Menschen faßt.

Seite 111: Beim nächtlichen Dankgebet: Dr. Johannes Vonderach, Chur. Oben: Kanonikus Johann Estermann, Beromünster. Pfarrer Arthur Weber von Großdietwil. In der Mitte: Vikar Alois Schuler von der Maria-Lourdes-Kirche in Zürich-Seebach. Dritter von links: P. Walter Schuler. Unten: Die Schweizer Pilger nehmen Abschied von der Grotte.

Seite 112: Bruder Leo im Jahre 1953 – ein Jahr nach der Heilung – beim nächtlichen Dankgebet in der Grotte.

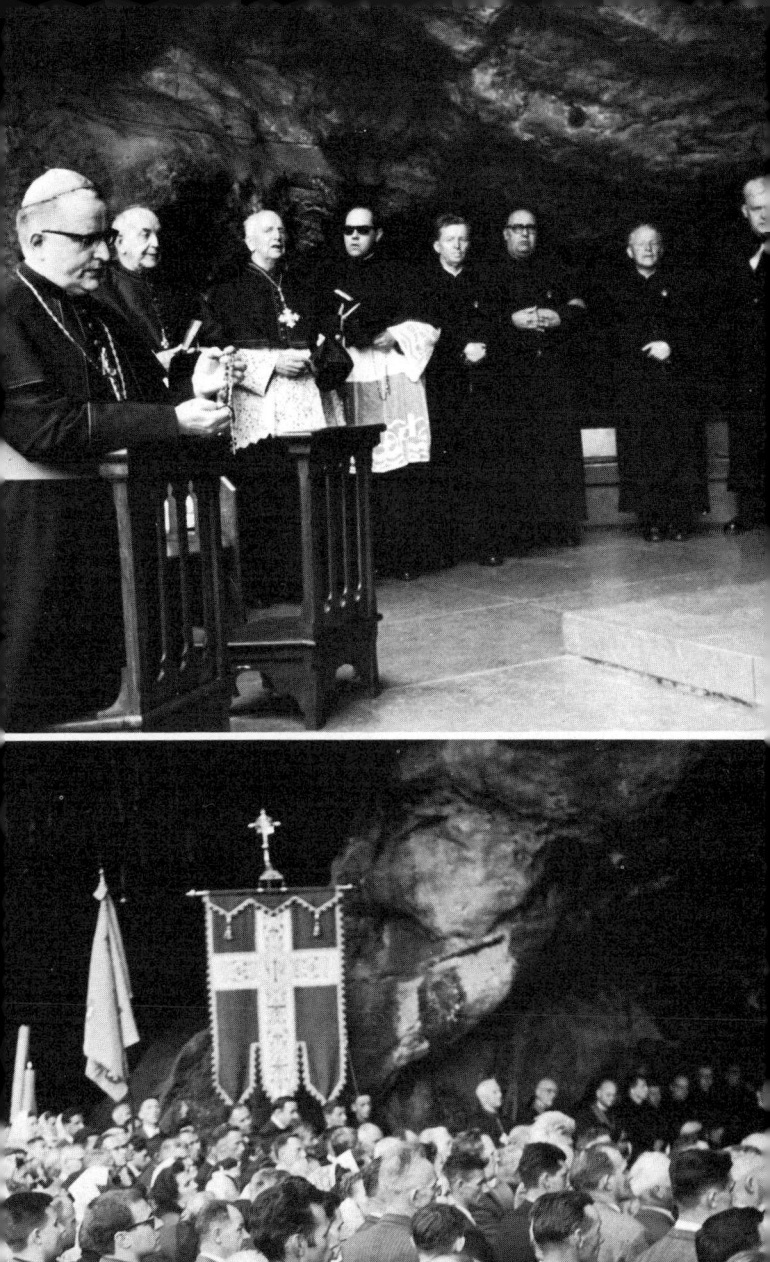

stand auf und schüttelte ihre Hände. Ein Augenblick unaussprechlicher Freude für alle. Als die Menge sich verlaufen hatte, stiegen sie aus und fuhren mit dem Geheilten ins Benediktinum: der Pilgervater Johann Büchel, seine Sekretärinnen, die Oberin der Krankenabteilung, Sr. Regintrudis, Dr. med. H. Jeger, Pfarrer Jakob Stillhardt. Die heilige Messe war in dieser Hauskapelle wohl noch nie mit solcher Freude gefeiert worden wie heute. Manches Auge wurde naß, als sie alle am Schluß «Großer Gott, wir loben dich» sangen.

Als die Gäste Abschied genommen hatten, blieb Bruder Leo in seiner Klostergemeinschaft zurück und mußte erzählen, was er erlebt hatte. Es hatte sich bereits in der Stadt herumgesprochen. Er war auf einmal zum Mittelpunkt geworden. Reporter klopften an. So ging es einige Tage, bis die Zudringlichkeit zu groß wurde und der Obere sie nicht mehr zuließ ohne Erlaubnis des Bischofs.

Und nun begann der Alltag wieder. Bruder Leo war und blieb geheilt.

Nach einer Woche, als die Zudringlichen immer mehr zu einer Plage geworden waren, durfte er das Benediktinum verlassen, um nach Uznach umzusiedeln. Auf der Hinreise stellte er sich in Zürich den Ärzten Dr. Lüthold und Dr. Ott, die ihn als unheilbar Kranken entlassen hatten. Auch sie anerkannten bei ihm eine menschlich unerklärbare Heilung und freuten sich mit ihm.

ANHANG

BERICHT VON BRUDER LEO SCHWAGER

29. April 1952:
morgens Ankunft in Lourdes.
30. April:
Kurz vor vier Uhr führten mich die Krankenwärter zum zweitenmal ins Bad. Wie mir später die Wärter, die mich badeten, berichteten, soll ich während des Badens laut aufgeschrien haben; ich selbst fühlte mich nur stark geschüttelt.
Nach vier Uhr wurden wir wiederum vor die Rosenkranz-Basilika gefahren, um den Krankensegen mit dem Allerheiligsten zu empfangen. Alle Kranken beteten mit tiefer Andacht die Anrufungen mit, die vorgebetet wurden. Müde und elend, wie ich war, brachte ich es zu keinem anderen Gebete mehr als nur zu dem einen Gedanken: «Herr, dein Wille geschehe. Mutter Gottes, bitte für uns!» Die Pilger sangen: «Parce Domine ... Schone, o Herr, schone deines Volkes und zürne uns nicht auf ewig!» Die Monstranz mit der heiligen Hostie zeichnete über mich ein großes Kreuz. Da durchfuhr es mich plötzlich wie ein Blitzstrahl vom Kopf bis zum Fuß, wie ein elektrischer Schlag – das war das Ende! Nein: ich kniete vor dem Wagen, aufrecht, mit gefalteten Händen. Wie es geschah, weiß ich nicht. Augenblicklich wußte ich: ich bin geheilt! Ich spürte keinen Schmerz mehr, und in meinen Gliedern, die noch vor wenigen Sekunden lahm und schlaff gewesen, war wieder volle Kraft. Wie mir eine wachende

114

Schwester sagte, muß es mich förmlich aus dem Krankenwagen herausgeschleudert haben. Mit dankbar jubelndem Herzen und Tränen in den Augen betete ich das «Magnificat» und das «Adoro Te». Ich blieb in dieser knienden Stellung, bis der Erzbischof Kardinal Gerlier mit dem Allerheiligsten in die Kirche ging, etwa zehn bis fünfzehn Minuten. Dann stand ich ohne jede Hilfe und Stütze wieder auf. Sofort umringten mich die Leute, aber schon kam einer unserer Pilgerärzte, Dr. med. H. Jeger von Chur. Ganz frei und ohne Beschwerden ging ich neben ihm her ins Asyl zurück.

Sofort begann ein vorläufiges Verhör, das ungefähr eine Stunde dauerte. Man befahl mir, wieder ins Bett zu gehen. Die Türe zum Schlafsaal mußte der freudig-neugierigen Menge wegen zugesperrt werden. Meine kranken Mitpilger im Saal waren voller Freude, weil einer von ihnen die Gesundheit wiedererlangt hatte. Es war für sie kein Grund zum Neid, vielmehr ein Ansporn zu noch größerem Vertrauen auf Maria, unsere Mutter, das Heil der Kranken. In der Nacht konnte ich vor lauter Freude nicht schlafen. Dankbar betete ich. Am folgenden Morgen ministrierte ich bereits um fünf Uhr bei der ersten heiligen Messe in der Krankenhauskapelle, dann verrichtete ich mein klösterliches Stundengebet. Ohne die geringsten Beschwerden nahm ich seit langem wieder ein normales Frühstück ein. Auch das Verhör, dem ich vier Stunden lang, von acht bis zwölf Uhr, unterworfen war, ermüdete mich nicht. Zuerst wurde ich von Dr. Karoline Schönenberger, dann von einer ganzen Ärztekommission, bestehend aus Schweizern, Franzosen, Deutschen und Italienern, befragt. Den Vorsitz führte der hochwürdigste Bischof von Chur, Christianus Caminada. Am Mittag war man schon ganz allgemein der Auffassung, daß hier ein offensichtliches Wunder vorliege. Schon die erste Untersuchung ergab den Status eines völlig gesunden Menschen. Wurden die Pilger meiner ansichtig – man erkannte mich ja leicht an Habit und Bart –, so wurde ich umringt und ausgefragt und um meine Unterschrift gebeten. Immer wieder mußte ich flüchten, um in Ruhe beten zu können. In der folgenden Nacht schlief ich ausgezeichnet. Anderntags wurde ich nochmals von den Ärzten gegen zwei Stunden lang examiniert. In den folgenden Tagen war es für mich die größte Freude, bei den lieben Kranken zu sein, ihnen zu helfen und mit ihnen zu beten. Ich war ganz frisch und wie neugeboren. Zwei Tage nach der Heilung ging ich den ganzen, über einen Kilometer langen Kreuzweg über den «Kalvarienberg».

Unbeschreiblich groß war die Freude unseres Priors und meiner Mitbrüder bei meiner Ankunft in Freiburg, als sie mich so gesund und munter sahen. Sie konnten es kaum fassen. Im Benediktinum, wohin mich der Pilgerführer und die Ärzte begleiteten, feierten wir zuerst gemeinsam das heilige Meßopfer und empfingen die heilige Kommunion.

Seit dieser Stunde habe ich immer voll gearbeitet, und ich war, mit Ausnahme einer Halsangina, nie mehr krank. Jedes Jahr nun durfte ich zu Unserer Lieben Frau von Lourdes wallfahren – als Pilgerkoch. Es sind stets schöne, aber auch strenge Tage. Bis 1957 wurde ich jedes Jahr von den Ärzten im Konstatierungsbüro in Lourdes erneut untersucht.

116

Dieses Jahr nun trat am 19. April das Bureau médi-
cinal International in Paris in zweiter Instanz zu-
sammen, um die Akten zu besprechen. Zwei Tage
darauf erhielten wir den Bescheid, daß meine Hei-
lung vom 30. April 1952 bestätigt sei und die natür-
lichen Grenzen überschreite. Groß war unsere Freu-
de, denn alles soll zur größeren Ehre Gottes und der
unbefleckt Empfangenen gereichen. Nun werden
diese Akten den kirchlichen Behörden zur kanoni-
schen Untersuchung übergeben. So peinlich genau
und streng werden die Heilungen in Lourdes unter-
sucht und geprüft. Nun versteht man auch, warum
jeweils mehrere Jahre vergehen, bis man öffentlich
davon reden und schreiben darf.

Auffallend sind die wunderbaren Heilungen, die
man in Lourdes sehen kann. Aber größer noch sind
die Wunder, die dort im Beichtstuhl und in den Her-
zen geschehen. Und jeder, der nach Lourdes geht,
wird im Glauben gefestigt zurückkehren, denn groß
und stark ist der Glaube und kerngesund die Fröm-
migkeit, denen man dort begegnet. Durch Maria zu
Christus – Unsere Liebe Frau von Lourdes, bitte für
uns!

Bruder Leo Schwager OSB, Benediktinum Freiburg

(Erschienen in «Missionsblätter», Nr. 7/8 1959.)

Aus Platzgründen kann nicht alles Material veröffentlicht
werden. Der Verlag ist aber bereit, ernsthaften Interessenten
noch weiteres Material in französischer Sprache zugänglich zu
machen, z. B. den Rapport von Prof. Thiébaut, Sitzungsbericht
und Präsenzliste des «Comité Médical International» von Paris, Rapport von P. Jean-Hervé Nicolas von der Kanonischen
Untersuchungskommission u. a.

Zeugenbericht von Fräulein M. de Brébisson,
Krankenpflegerin

*«Als ich am 30. April 1952 der Prozession mit dem
Allerheiligsten beiwohnte, befand ich mich mitten
unter den Kranken. Plötzlich, bei der Erteilung des
Segens an die Kranken, hörte ich ein metallisches
Geräusch, dem unmittelbar der harte Sturz (der mir
von jemand bewirkt erschien) eines Kranken folgte,
der zu meiner Linken in die Knie sank, während
seine Krücke neben dem Wagen, in dem er sich be-
funden hatte, auf den Boden fiel. Ich dachte zuerst
an einen plötzlichen Schwächeanfall des Kranken,
aber beim Anblick des ganz in übernatürliche
Freude getauchten Antlitzes dieses Kranken, der mit
gefalteten Händen, die Augen auf die Monstranz
gerichtet, in Ekstase sich zu befinden schien, wurde
ich tief ergriffen. Da begriff ich, daß sich soeben
ein übernatürliches Geschehen abgespielt hatte. Nach
der Prozession sah ich diesen Kranken ohne jede Be-
hinderung sich erheben und gehen.»*

Zeugenbericht von Prof. Dr. Jean-Yves Barbin
von der Medizinischen Fakultät
der Universität Nantes

*«Am Mittwoch, den 30. April 1952, ging ich als
Arzt bei der Prozession mit dem Allerheiligsten mit.
Wir waren bei der Erteilung des Segens an die Kran-*

ken auf der Westseite (Seite des Gave-Flusses) ange-
langt. Plötzlich hörte ich einen ziemlich lauten
Lärm, der mich veranlaßte, den Blick gegen die
Kranken hin zu wenden, da ich glaubte, einer von
ihnen werde unwohl. Da sah ich, wie links von mir,
hinter den auf Bahren liegenden Kranken, ein Or-
densmann in die Knie sank oder, besser gesagt, sich
mit einer gewissen Heftigkeit auf die Knie warf. Zuerst glaubte ich, es handle sich um einen die Kranken begleitenden Priester, der für sie bete. Das Ganze spielte sich in sehr kurzer Zeit ab, doch frappierte
mich der Gesichtsausdruck dieses Ordensmannes. Er
schien in unfaßbarer Ekstase zu sein und blickte un-
verwandt auf das sich entfernende Allerheiligste,
das er nicht aus den Augen ließ. Ich dachte bei mir,
dieser Priester habe eine ungewöhnliche Art zu beten, und dieses leuchtende Antlitz, dessen Blick un-
verrückbar an der Monstranz haftete, versetzte mich
in Erstaunen. Ich bemerkte zugleich, daß der Betref-
fende sich wie benommen zu fühlen schien, als ob
er soeben einen Schlag oder eine sehr heftige Er-
schütterung erlitten hätte und nun nur mit Mühe sich
in seinem Innersten wieder zurechtfände. Nun schritt
ich an ihm vorüber. Seine Haltung blieb immer noch
dieselbe. Ich war dermaßen neugierig geworden, daß
ich mich umwandte, um ihn nochmals ins Auge zu
fassen. Immer noch war er gegen die Monstranz ge-
wandt, die Hände gefaltet, immer in derselben Stellung. Ich machte einige Schritte – das Gesehene
ließ mich nicht los, ich wandte mich nochmals zurück: die Haltung, das Gesicht waren immer noch
dieselben. Die Prozession entführte mich ihm, doch
blieb ich wie verwirrt vom überstürzten Ablauf der

119

Ereignisse und vom Anblick dieses Ordensbruders, der mir wie vom Blitz getroffen schien.»

(Aus dem Französischen übersetzt von P. Andreas Steck OSB, Freiburg. Erschienen in «Missionsblätter», Nr. 3/4 1961.)

Prof. Barbin gehörte zu jenen Ärzten, die am 1. Mai 1952 der Verhandlung über den Fall Leo Schwager im Konstatierungsbüro von Lourdes beiwohnten; auch er hatte das Protokoll unterschrieben.

ENTSCHEID VON BISCHOF CHARRIÈRE VOM 18. DEZEMBER 1960

In Anbetracht der vielen Zeugenaussagen und ärztlichen Berichte in den vorliegenden Akten, insbesondere des Briefes von Prof. Dr. Eric Zander von der Neurochirurgischen Poliklinik, von Prof. Dr. H. Krayenbühl in Zürich vom 24. September 1951, des von Dr. Hugo Zeller, Romanshorn, und Dr. Roman Schmid, Arbon, verfaßten Berichtes, der am 3. Juni 1958 Dr. Paul Terrier, Lausanne, zugestellt wurde;

in Anbetracht des Berichtes und der Kommentare von Prof. Dr. Thiébaut, Straßburg, vom Februar 1959;

in Anbetracht der Erklärung des Internationalen Ärztlichen Komitees, das unter Datum vom 19. April 1959 in Paris die Heilung als sicher feststehend und als medizinisch unerklärbar erkannte;

in Anbetracht der Berichte der von Uns eingesetzten kanonischen Kommission vom 17. November und 5. Dezember 1960;

nach Anrufung des Namens Gottes,

120

kraft der Autorität Unseres Amtes, Unsern Ent-
scheid der Autorität des Papstes unterstellend,
entscheiden Wir und erklären:
Die Heilung des ehrwürdigen Bruders Leo Schwager
OSB, geschehen in Lourdes am 30. April 1952, ist
ein Wunder und ist einem besonderen Eingreifen der
Allmacht Gottes auf die Fürbitte der Allerseligsten
Unbefleckten Jungfrau, der Mutter Gottes, zuzu-
schreiben.
Dieser Entscheid soll in allen Kirchen und Kapellen
der Diözese an einem Sonntag oder gelegentlich ei-
ner zu Ehren der Allerseligsten Jungfrau veranstal-
teten Feier vorgelesen werden. Indem wir unserer
himmlischen Mutter für diesen sichtbaren Erweis
ihrer Güte öffentlich danken, wollen wir nicht ver-
gessen, uns ihr dankbar zu erweisen für alle die geist-
lichen, zwar unsichtbaren, aber noch viel wertvolle-
ren Gnaden, die sie uns fortwährend von Gott er-
langt.

Gegeben zu Freiburg am 18. Dezember 1960

> *gez. François Charrière,*
> *Bischof von Lausanne, Genf und Freiburg*

✠ ÉVÊCHÉ ✠
DE LAUSANNE
GENÈVE ET
✠ FRIBOURG ✠

D E C L A R A T I O N .

(Préavis de la Commission canonique d'enquête.)

Les soussignés, membres de la Commission canonique d'enquête
instituée par Son Excellence Monseigneur François CHARRIÈRE, Evêque
de Lausanne, Genève et Fribourg, pour l'examen de la guérison du
Frère Leo SCHWAGER OSB,
réunis en séance plénière à l'Evêché de Fribourg en date du
5 décembre 1960,
après examen approfondi, mûre réflexion et invocation du
Saint Nom de Dieu,
ont déclaré, par un vote à bulletins secrets et à l'unanimité

1° qu'ils tiennent pour certaine la guérison du Frère Leo SCHWAGER
survenue à Lourdes le 30 avril 1952, pour certain également le
fait que cette guérison est médicalement inexplicable ainsi qu'en
témoigna le jugement du Comité Médical International de Lourdes
prononcé le 19 avril 1959;

2° que cette guérison doit être attribuée à une intervention extra-
ordinaire de Dieu obtenue par l'intercession de ~~la~~ Notre Dame de
Lourdes.

3° que Son Excellence Monseigneur François Charrière peut, selon
l'avis unanime de la Commission, se prononcer en toute sûreté
sur le caractère MIRACULEUX de ladite guérison.

Fribourg, le 5 décembre 1960.

Signatures: Th. Perroud, v.g.
J.-H. Nicolas O.P.
H. Lüthi O.P.
Max Overney, sup.
G. Bullet.

Copie certifiée conforme à l'original:
Fribourg, le 30 janvier 1961.   *Th. Perroud. v.g.*

Th. Perroud, v.g.

Fribourg · 89e année   N° 51   Jeudi 22 décembre 1960

LA SEMAINE CATHOLIQUE
DE LA SUISSE ROMANDE

Organe du diocèse de Lausanne, Genève et Fribourg
et du diocèse de Bâle pour la partie romande

SOMMAIRE

Partie officielle

DIOCÈSE DE LAUSANNE, GENÈVE ET FRIBOURG

Une guérison miraculeuse

FRANÇOIS CHARRIÈRE

PAR LA GRÂCE DE DIEU ET L'AUTORITÉ DU SAINT-SIÈGE
ÉVÊQUE DE LAUSANNE, GENÈVE ET FRIBOURG
AU CLERGÉ ET AUX FIDÈLES DE NOTRE DIOCÈSE
SALUT ET BÉNÉDICTION EN NOTRE-SEIGNEUR JÉSUS-CHRIST

Nos très chers Frères,

Nous avons la joie, de vous faire part à la veille des fêtes de Noël, d'une guérison miraculeuse obtenue par l'intercession de Notre-Dame de Lourdes en faveur d'un religieux domicilié dans notre diocèse.

Le 28 avril 1952, le Vénéré Frère Leo Schwager de la Congrégation des Bénédictins missionnaires (Congregatio Ottiliensis pro Missionibus exteris) domicilié au Benedictinum de notre Ville partait pour Lourdes avec les pèlerins de Fribourg. Né en 1924, il avait été victime dans son enfance et sa jeunesse de plusieurs accidents graves. A l'âge de 23 ans, en 1947, apparaissent une diplopie intermittente (trouble de la vue qui fait voir les objets doubles), puis des troubles de phonation : langue

801

NACHWORT DES PILGERFÜHRERS

Wenn Ida Lüthold-Minder, die sich als Autorin guter Lebensbeschreibungen einen Namen gemacht hat, über eine Heilung berichtet, so geschah es sicher aus dem gleichen Motiv, das sich Bruder Leo in sein Programm geschrieben: «Zeugnis abzulegen für die Machttat Christi durch die Fürbitte Mariens». – Es gibt auch da Pflichten des Dankes.

Nachdem der Fall Bruder Leo auch in der breiten Öffentlichkeit behandelt worden ist in dem Buch von Dr. Olivieri «Y a-t-il encore des miracles à Lourdes?», so ist es sicher kein Zeichen der Unbescheidenheit, wenn wir diese Schrift den heutigen Menschen übergeben, die in der gegenwärtigen Lage der Kirche oft schwer um ihren Glauben ringen müssen.

Möge diese Schrift recht vielen wieder Mut machen und sie davon überzeugen, daß Gott sie nicht im Stich läßt, sondern auf die Stunde wartet, bis unser Glaube, geläutert und durchgerungen, zum brennenden Licht wird in der Dunkelheit unserer Tage.

Ich bin besonders glücklich darüber, diesem Buch ein paar Worte mit auf den Weg geben zu können, weil ich an jenem 30. April 1952, als der schwerkranke Bruder Leo von einer Sekunde zur andern geheilt wurde, die Ehre hatte, die Anrufungen bei der Krankensegnung in deutscher Sprache vorbeten zu dürfen.

Montlingen SG, im März 1971

gez. Prälat Emil Gschwend, Pilgerführer

DR. E. B. HEIM

Die Ver-HERR-lichung Gottes
Weltbild eines Arztes

9. Auflage, 264 S., Paperback, DM 8.80 / Fr. 9.80 / öS 62.70

Der Autor umreißt die universale Schöpfung in einem modernen und grandiosen Bild, um dann den Leser vor Gott hinzuführen, den zu verherrlichen die wichtigste Lebensaufgabe ist. Aus der Sicht eines Laien, der sich seit langer Zeit intensiv mit Theologie befaßt, ist diese radikale Forderung in unmißverständlicher Konsequenz dargestellt und läßt ein tiefes Erlebnis zurück. Das Buch wendet sich an alle, die inmitten einer aufgewühlten Zeit ihr persönliches Verhältnis zu Gott als dringliches Anliegen empfinden. Naturwissenschafter und Theologen haben ihre überzeugenden Urteile abgegeben. Josef von Matt

BENEDIKT STOLZ OSB/FRANZ WEISS

Johannes auf Patmos
Die heilige Insel der Christenheit

Farbiger Umschlag, 192 S., Paperback, DM 8.— / Fr. 8.80 / öS 56.30

Heute, wo wir apokalyptische Zeiten durchleben, ist es von brennender Aktualität, sich mit dem Inhalt der Apokalypse, ihrem Verfasser und dem Ort ihrer Entstehung zu beschäftigen. In Zeiten zunehmender Glaubensschwierigkeiten drängt es uns, mit jenem Mann, den die Bibel eine Säule der Kirche nennt, Kontakt aufzunehmen, mit Johannes, der dem Herzen des Herrn und seinen Geheimnissen am nächsten war und der der besondere Kronzeuge seiner Gottheit werden durfte.

Wir Christen sind nicht nur juristisch Besitzer der Insel Patmos, wir müssen auch geistig von ihr Besitz ergreifen. Den Schlüssel dazu liefert uns dieses Buch. Patmos besitzt eine weltweite Ausstrahlungskraft, die bei jenen, die eine Antenne dafür haben, zum tiefen religiösen Erlebnis wird.

Der Christ in der Welt

Einzelpreis pro Band DM 5.50 / Fr. 6.90 / öS 40.70
Subskriptionspreis bei Abnahme aller Bände pro Band
DM 3.80 / Fr. 4.80 / öS 28.10

Die katholische Enzyklopädie «Der Christ in der Welt» ist eine Taschenbuchreihe von rund 160 Bänden, die, in 18 Sachgruppen gegliedert, einen Gesamtüberblick über Wissen und Weltbild unserer Zeit aus katholischer Sicht gibt.

DR. GEORGES HUBER
Mein Engel wird vor dir hergehen
Vorwort von Kardinal Charles Journet

2. Auflage, 232 S., Paperback, DM 8.80 / Fr. 9.80 / öS 62.70
20 000 Exemplare in sechs Monaten

Heute, wo die Diskussion über die Engel (die guten und die gefallenen) zu einem Explosivstoff in der Kirche geworden ist, zu einer Frage, die die Geister scheidet, erscheint im rechten Augenblick ein Werk über dieses heikle Thema, das durch seine gründliche Befragung der Heiligen Schrift, der Tradition, der lehramtlichen Äußerungen und durch seine souveräne Stoffbeherrschung eine objektive Bestandesaufnahme bietet.

W. C. DAM
Dämonen und Besessene
Die Dämonen in Geschichte und Gegenwart

312 S., Paperback, DM 20.– / Fr. 24.60 / öS 148.–

Ein Buch, das ein gewaltiges Tatsachenmaterial ausbreitet und mit dem Märchen moderner Teufelsleugner mit wissenschaftlicher Gründlichkeit aufräumt.

ADOLF RODEWYK SJ
Dämonische Besessenheit heute
Tatsachen und Deutungen

2. Auflage, 268 S., Leinen, DM 16.80 / Fr. 20.90 / öS 124.30

Dieses Buch ist ein Menetekel, ein Fingerzeig Gottes, der Tausende aus ihrer religiösen Lauheit und Verblendung aufrütteln wird.

BERNHARD PHILBERTH

Der Dreieine

Anfang und Sein — Die Struktur der Schöpfung
536 Seiten, Leinen, DM 22.50 / Fr. 25.— / öS 160.—

Bernhard Philberth, der bekannte deutsche Atomforscher, legt hier ein Werk vor, wie es selten auf dem Buchmarkt erscheint. Es ist die Darstellung eines Weltbildes von solch strahlender Luzidität und von einer solch souveränen denkerischen Bewältigung des Mikro- und Makrokosmos, daß der Leser wie von einer Offenbarung überwältigt wird.

Philberth gehört zu jener kleinen geistigen Elite, die die mathematische Röntgenaufnahme des Kosmos geistig verkraftet hat; er ist deshalb auch in der Lage, neue physikalische Erkenntnisse zu bieten, die in wesentlichen Punkten die Fachmeinung korrigieren. Wenn auch der Laie die Formeln nicht versteht — was nicht notwendig ist —, so gewinnt er doch aus der klassisch einfachen Darstellung ein Ordnungsbild von bestechender Evidenz und Einblick in ein gigantisches Geschehen.

BERNHARD PHILBERTH

Christliche Prophetie und Nuklearenergie

6. Auflage, 256 S., Leinen, DM 13.80 / Fr. 13.80 / öS 88.30

Man übertreibt nicht, wenn man dieses Buch eines der erregendsten und bedeutendsten unserer Zeit nennt.
«Welt und Wort»

Die letzten 80 Seiten des Buches weisen nun nach, daß die Geheime Offenbarung die entscheidenden Einzelheiten eines nuklearen Großkrieges eindeutig darstellt.   «NZN»

Philberth ... dessen Logik, Weitsicht, Mut und ethische Klarheit die schweizerische Öffentlichkeit neuerdings aufgerüttelt ... der das Entscheidende der Wissenschaft über die Nuklearenergie und den prophetischen Ruf der Offenbarung Johannes an unser Geschlecht des Atomzeitalters einfach und groß verkündet hat ...
«Kirchenblatt für die reformierte Schweiz»

Anna Katharina Emmerich

A. K. Emmerich sah in ihren Visionen das Leben Jesu und Mariä, besonders ausführlich aber die Passion des Herrn wie einen Film vor ihren Augen abrollen und erhielt auch Rückblenden ins Alte Testament, soweit es für den Messias sinnbildlich war.

Das arme Leben unseres Herrn Jesu Christi
568 S., Leinen, DM 16.80 / Fr. 20.90 / öS 124.30

Das bittere Leiden unseres Herrn Jesu Christi
408 S., Leinen, DM 18.50 / Fr. 22.80 / öS 137.—

Leben der heiligen Jungfrau Maria
453 S., Leinen, DM 16.80 / Fr. 20.90 / öS 109.50

«Visionen»
über die Engel,
die Armen Seelen im Fegfeuer,
die streitende und leidende Kirche
240 S., Leinen, DM 12.80 / Fr. 16.— / öS 94.70

Die Geheimnisse des Alten Bundes
180 S., Leinen, DM 9.80 / Fr. 12.40 / öS 72.50

IRMGARD HAUSMANN

Berthe Petit und das schmerzvolle Herz Mariens

2. Auflage, 128 S., Paperback, DM 7.— / Fr. 7.80 / öS 49.90
Erstmals wird hier in deutscher Sprache eine Biographie der großen belgischen Mystikerin Berthe Petit (1870—1943) vorgelegt. Berthe Petit ist ein Imperativ an unsere unterkühlte Welt, ein hinreißendes Beispiel der Nachfolge Christi.

PROF. ALBERT DREXEL

Unser katholischer Glaube

304 S., Leinen, DM 10.80 / Fr. 12.— / öS 76.80
Der Verfasser, ein Gelehrter von internationalem Ansehen, versteht es, bei aller wissenschaftlichen Fundierung und Formulierung seiner Gedanken weitgehend allgemeinverständlich zu bleiben.

PROF. ALBERT DREXEL

Ein neuer Prophet?

136 S., Paperback, DM 7.— / Fr. 7.80 / öS 49.90

Um eine Krankheit bekämpfen zu können, muß man ihre Ursache kennen. Viele fragen sich heute, woher der Virus stammt, der unsere Kirche in solche Fieberkrämpfe gestürzt hat. Prof. A. Drexel bringt in seinem neuesten Buch «Ein neuer Prophet?» den Nachweis, daß wesentliche Impulse von Teilhard de Chardin ausgegangen sind. Nicht umsonst haben die letzten Päpste versucht, seinen irrigen Lehren entgegenzutreten. Sein Ziel war eine Umfunktionierung des Christentums. Teilhard war sich bewußt, daß er innerlich mit seiner Kirche gebrochen hatte: «Rom und ich» — eine kühne Parallelstellung — «haben zwei verschiedene Konzeptionen der Welt».

Diese Ideen führten in relativ kurzer Zeit zu einer Verflachung und Verfälschung der biblisch-christlichen Grundanschauungen und zu einer Unterhöhlung des Credo. Die Haltung des kirchlichen Lehramtes war somit gerechtfertigt.

RUDOLF BACHINGER

Das Leichentuch von Turin

Beweise für seine Echtheit

128 S., 1 Faltblatt 37×55 cm, DM 8.80 / Fr. 9.80 / öS 62.70

Das Leichentuch von Turin mit dem Bild des Antlitzes Christi ist ein ausgesprochenes Geschenk für das 20. Jahrhundert, das Jahrhundert des Bildes. Es war eine Sternstunde der Christenheit, als der Rechtsanwalt Secondo Pia 1898 erstmals das Leichentuch von Turin fotografieren durfte und dabei als erster Mensch auf dem Fotonegativ das Antlitz Christi positiv aufleuchten sah! Denn der Abdruck im Leichentuch war negativ, d. h. 19 Jahrhunderte lang verschlüsselt. Die Überraschung Pias war so groß, daß die Fotoplatte beinahe seinen Händen entglitten wäre. Das war eine Offenbarung Gottes, die der Technik vorbehalten blieb. Ein solches Geschenk aber verpflichtet. Bachinger trägt in diesem Buch ein erdrückendes Beweis- und Tatsachenmaterial zusammen, wobei ihm auch eigene Entdeckungen gelungen sind.

FRANZ GRUFIK

Turzovka

Das tschechoslowakische Lourdes
2. Auflage: 20 000 Exemplare
136 S., 32 Bildtafeln, Paperback, DM 7.– / Fr. 7.80 / öS 49.90

In der Tschechoslowakei ist ein neues Lourdes im Entstehen begriffen. Genau 100 Jahre nach Lourdes ist die Muttergottes in Turzovka dem Waldaufseher Matousch Laschut erschienen. Hier werden erstmals in Buchform Fakten gesammelt, die ein kritisches Urteil erlauben. Es sind viele, meist nachprüfbare Tatsachen, die zu denken geben. Ein umfangreicher Bildteil soll dem Leser zudem einen authentischen Augenschein ermöglichen.

Pater Pio

Sein Glaube, seine Wunder
128 S., 8 Farbtafeln, Leinen, DM 22.50 / Fr. 27.70 / öS 166.50

HANS BAUM

Die apokalyptische Frau aller Völker

Kommentare zu den Amsterdamer Erscheinungen und Prophezeiungen
3. Auflage: 15. Tausend
280 S., Paperback, DM 13.50 / Fr. 15.– / öS 96.–

Die Beweisführung ist wissenschaftlich begründet. Die Ergebnisse sind überwältigend. Wie Hans Baum die geheimnisvolle «Zahl des Tieres» — 666 — entschlüsselt und welche Ergebnisse er mit dieser Zahl und mit dem hypothetischen Siegel erreicht, könnte utopisch anmuten, würden die Resultate nicht Seite für Seite ausreichend mit geschichtlichen Fakten belegt. Das Buch enthält eine unbestechliche Diagnose unserer dämonisierten Welt und zeigt unserer aus den Fugen geratenen Zeit wieder den richtigen Weg gemäß den Weisungen und Warnungen der biblischen und der marianischen Letztzeitprophetie.
Das Buch ist ein literarisches Ereignis, an dem niemand vorbeigehen kann, der in unserer satanisch bedrängten Gegenwart noch auf das Wunder einer Rettung der Völker durch Christus zu hoffen vermag.

Unsere Bibelausgaben

	DM	Fr.
Volksausgabe, fester PVC-Einband, 11,5×17,5 cm, 1540 S.	9.80	12.40
Standardausgabe, Kunstleder 11,5×17,5 cm, 1540 S.	18.50	22.80
Standardausgabe, Saffianleder 11,5×17,5 cm, 1540 S.	40.—	49.—
Oktavausgabe A ohne Bilder, Leinen 13,5×20 cm, 2012 S.	24.—	29.50
Oktavausgabe B mit Bildern, Leinen 13,5×20 cm, 2012 S.	32.—	39.40
Hausbibel, Ganzleinen mit Schuber 19×28 cm, 1420 S.	58.—	71.—
Hausbibel, Kunstleder mit Schuber 19×28 cm, 1420 S.	58.—	71.—
Hausbibel, Schafleder, Goldschnitt 19×28 cm, 1420 S.	125.—	150.—
Hausbibel, Saffianleder, Goldschnitt 19×28 cm, 1420 S.	145.—	174.—
Prachtbibel, Saffianleder, Goldschnitt, Kassette 19×28,5 cm, 2000 S.	168.—	202.—

BRUNO BORUCKI

Der wirkliche Gott und seine Offenbarung

224 S., Leinen, DM 19.80 / Fr. 24.40 / öS 146.50

Ein Urteil: «Endlich das Buch, auf das so viele warten.»
Ein berufener Theologe, Professor an einer Ordenshochschule SJ, ein Mann lebendigen Kontaktes mit den Menschen, vertraut mit der theologischen Literatur von heute, zieht hier die Summe seines fundamentaltheologischen und exegetischen Wissens im Blick wohl auch auf Fachtheologen, aber vor allem auf den intellektuellen Laien.

DIETRICH VON HILDEBRAND

Das Trojanische Pferd in der Stadt Gottes

4. Auflage. Deutsch von Jos. Seifert. 376 S., Ln. DM 24.80 / Fr. 30.50 / öS 183.50

Dieses Buch macht Furore. Von den größten Geistern wie Gabriel Marcel liegen fulminante Kritiken vor.

«Man kann die Lektüre dieses kraftvollen und bemerkenswerten Buches des großen Denkers Dietrich von Hildebrand nicht genug empfehlen, nicht nur jenen Katholiken, die in Gefahr sind, in die Fallstricke zu geraten, die ihnen eine hochgefährliche Propaganda legt, sondern auch all jenen, die zwar klarer sehen, sich aber entwaffnet fühlen angesichts einer verführerischen Argumentation, die sie zwar nicht überzeugt, die zu widerlegen sie aber dennoch unfähig sind.» Gabriel Marcel vom Institut de France

«Die umfassende Behandlung der aktuellsten Themen hat in ihrer Tiefe und Blickschärfe, ihrer Klarheit und Einfachheit der Aussage etwas Hinreißendes und Befreiendes. Ein Buch jenseits der falschen Fronten, das zur Grundlage für den innerkirchlichen Dialog werden kann.»
Dr. Gisela Kaldenbach

«In der Überwindung der falschen Alternativen liegt der Vorzug dieser subtilen Untersuchungen ... Denn leicht macht es von Hildebrand sich und seinen Lesern nicht in der Ablehnung falscher Reaktionen oder in der Aufdeckung der Gefahren einer übertriebenen Anpassung an die Welt.»
Paul Hübner in «Rheinische Post», 27. 7. 68

P. PROSPER MONIER SJ

Die Reise nach innen

220 S., Paperback, DM 9.80 / Fr. 9.80 / öS 62.70

Der Bischof von Straßburg, Léon A. Elchinger, schreibt über dieses Buch: Père Monier ist einer jener Propheten, die Kontakt mit dem lebendigen Gott schaffen können, einer jener Gottesmänner, denen man nicht begegnen kann, ohne daß man in sich eine Quelle des Lebens, des Lichtes und des Friedens entdeckt. Um ihm zu begegnen, genügt es, dieses Buch zu lesen.